ROBERT 1989

L'ENFANT
DE L'AMOUR

PAR

MAXIMILIEN PERRIN.

2

PARIS
ALEXANDRE CADOT, ÉDITEUR
37, RUE SERPENTE, 37

L'ENFANT DE L'AMOUR

OUVRAGES DE MAXIMILIEN PERRIN.

L'Homme aux cinq Maîtresses............	2 vol.
L'Enfant de l'amour....................	2 vol.
Le secret de Madame...................	2 vol.
Les Mariages d'inclination..............	2 vol.
Manon la Ravaudeuse..................	2 vol.
Le Mari d'une jolie femme...............	2 vol.
L'amour à l'aveuglette..................	2 vol.
Le Mariage aux écus...................	2 vol.
Le Sultan du quartier..................	2 vol.
Laquelle des deux.....................	2 vol.
Partie et revanche.....................	2 vol.
Le beau Cousin.......................	2 vol.
Riche d'amour........................	2 vol.
Une passion diabolique.................	2 vol.
L'Ouvrier gentilhomme.................	2 vol.
Le Mari d'une comédienne..............	3 vol.
L'ami de la maison....................	2 vol.
La fille d'une Lorette..................	4 vol.
Le garde municipal....................	2 vol.
La Demoiselle de la confrérie............	2 vol.
L'Amour et la faim....................	2 vol.
Vierge et Modiste.....................	2 vol.
Le Capitaine de Spahis.................	2 vol.
Un Mauvais Coucheur..................	2 vol.
Une Fille à marier.....................	2 vol.

Imprimerie de E. Dépée, à Sceaux.

L'ENFANT
DE L'AMOUR

PAR

MAXIMILIEN PERRIN.

2

PARIS
ALEXANDRE CADOT, ÉDITEUR,
37, RUE SERPENTE, 37.

1862

1

Dans la nuit du 15 août 1793, les habitants d'un petit village de la Vendée, nommé Fourrière, reposaient en paix, car l'horloge de la modeste église de ce hameau venait de sonner la troisième heure.

Fourrière était éloigné de toute grande route, et comme il était environné de bois et de collines, il était imipossble de traverser une plus complète solitude. Cependant, au premier signal de l'insurrection, ses habitants, comme tous les autres de la Vendée, avaient répondu avec empressement au double appel de leur curé et de leur seigneur; mais la tranquillité de leurs chaumières, favorisée par l'isolement, n'avait jamais été, jusqu'à ce jour, troublée par le glas du tocsin ni celui des armes, lorsque tout à coup, au milieu de la nuit la plus paisible, la cloche d'alarme ébranla les airs de ses plus lugubres tintements. Quoi donc venait ainsi troubler le repos de ce tranquille séjour? Ce n'était autre que l'arrivée bien inattendue d'une partie de l'armée royale, qui, battue par les troupes de la république, et après s'être débandée, venait se réfugier au village de Fourrière, afin de s'y rallier.

Il se trouvait en ce moment, dans ce hameau perdu, une jeune fille du nom d'Hélène, charmante et douce créature, triste et pensive, dont le cœur ne cessait de saluer, par un douloureux soupir, le souvenir sans cesse renaissant qu'elle conservait dans son cœur pour un gentil amant, appelé Georges. Cette jeune et timide enfant, ayant dix-sept ans à peine, avait été amenée par son oncle, le marquis de Bussière, au hameau de Fourrière, et confiée à une sainte et digne femme, qui s'était chargée de veiller sur elle, sur son repos, jusqu'au jour où son oncle devait venir la reprendre et la conduire à Coblentz.

Hélène, qui ignorait ce que signifiait le signal de détresse qui tintait à son oreille après l'avoir éveillée en sursaut, Hélène, qui ne s'était pas encore fait une idée des horreurs de la guerre, qui, depuis longtemps, désolait le pays où elle se trouvait, mais dont elle allait bientôt être le témoin, se hâta de quitter sa couche virginale en entendant les sons de la cloche d'alarme, et croyant que c'était un incendie auquel on appelait les habitants, se hâta de se vêtir et courut se placer à la fenêtre de sa chambre, laquelle donnait sur la campagne, afin de s'assurer de quel côté venait le feu. Hélène regarda dans tous les sens, mais tout le paysage était dans l'ombre et aucune flamme ne colorait la rue ni ne teignait le feuillage qui tapissait le hameau.

Le calme de la nature, dans cette nuit solennelle, ressemblait au sommeil de la mort. Hélène prêtait l'oreille aux sons précipités de la cloche avec frayeur, et tressaillait sans savoir pourquoi.

Enfin, un murmure de voix flotta dans l'air, et bientôt elle distingua des cris d'hommes qui se rassemblaient, joints au cliquetis des armes. C'étaient les soldats de Condé qui appelaient à leur secours les paysans de la contrée.

Entraînée par une impulsion involontaire, Hélène cède au désir de quitter sa demeure en silence pour aller s'informer de ce qui se passe. Elle s'échappe, et, guidée par le murmure des voix, elle arrive bientôt à la petite colline, sur laquelle est située l'église du hameau. Le portail du saint lieu était ouvert, et, à l'étonnement de notre jeune fille, il en sortit un torrent de lumière, projetant sur le feuillage de l'ormeau une lueur triste et blafarde et qui recevait des ténèbres de la nuit je ne sais quel caractère de grandeur et de solennité.

Du lieu où elle était placée, non-seulement Hélène put apercevoir les soldats royalistes massés au pied de la colline, mais contempler encore la scène imposante de l'intérieur de l'église. Ce temple était, en ce moment, rempli d'une multitude de paysans, indistinctement armés de piques, de faux et de fusils. Ils étaient tous debout, écoutant avec ferveur la parole de leur curé, qui, en cas de mort sur le champ de bataille, leur promettait la résurrection au bout de trois jours.

L'autel était resplendissant comme pour une cérémonie extraordinaire. Un chef de l'armée vendéenne se tenait sur les degrés, la main gauche posée sur la garde de son sabre, et de l'autre main tenant un drapeau de soie blanche orné de fleurs de lys. Une ceinture de cuir entourait son corps, et sa large boucle d'acier brillait entre la ciselure grossière de deux énormes pistolets. Les traits du visage de cet homme étaient durs, inflexibles, vigoureux ; on eût dit une de ces figures échappées à l'énergique pinceau de Salvator-Rosa. Ses yeux noirs lançaient des éclairs, et ses sourcils épais étaient ombragés par les boucles de sa brune chevelure, qui s'échappaient d'un mouchoir rouge serré autour de sa tête.

Cette coiffure, commune aux chefs vendéens, était celle qu'avait adoptée, le premier, leur héroïque compagnon, Henri de La Rochejacquelin.

Immobile et tremblante, Hélène prêtait une vive attention à cette scène fantastique ; mais lorsqu'elle vit tous ces hommes, que la parole sainte venait d'élever au plus haut degré de l'exaltation, se prosterner à genoux pour recevoir la bénédiction de leur pasteur, Hélène, entraînée par l'exemple, se prosterna comme eux. Quand les paysans se relevèrent :

— Marchez fermement, mes enfants, leur cria le prêtre, le Dieu des combats est avec vous.

Et ils sortirent tous en tumulte de l'église, en brandissant leurs armes, pour descendre la colline et aller se mêler aux royalistes, qui les attendaient pour retourner combattre les ennemis de l'autel et du trône, ainsi ces fanatiques avaient désigné les braves soldats de la république.

Hélène, lorsqu'elle eut vu les Vendéens sortir de l'église, prit sa course et s'élança, légère comme un feu follet, vers sa demeure, en promenant ses regards autour d'elle.

Les Vendéens avaient allumé quelques feux, dont la flamme rougeâtre donnait du ton à l'obscurité de l'ombre ; mais quand Hélène arriva chez elle, la nuit avait repris son repos ordinaire, et l'on entendait seulement le bruit éloigné des voix énergiques des chouans.

Ce petit corps d'armée royaliste, malgré toutes les précautions dont il s'entourait, fut, au point du jour, se heurter contre les républicains, qui les avaient battus et dispersés la veille. De part et d'autre on se battit avec un héroïque acharnement ;

mais la victoire ne pouvait être longtemps douteuse : les Vendéens, dix fois plus nombreux que leurs adversaires, parvinrent, non sans avoir éprouvé de grandes pertes, à repousser l'agression des bleus.

Le bruit de ce combat, en troublant le silence de la campagne, était venu jusqu'aux oreilles d'Hélène, qui, fort effrayée, s'était agenouillée et priait le ciel que son oncle et son Georges, s'ils se trouvaient dans cette affreuse mêlée, fussent épargnés. Son Georges, dont elle ignorait le sort et pleurait l'absence, la perte éternelle, peut-être, de toutes les larmes de ses yeux ! Mais son oncle, qu'était-il devenu aussi, lui qu'elle n'avait pas revu depuis trois mois qu'il l'avait laissée dans ce village, en lui annonçant son retour prochain ?

Ainsi pensait Hélène, affreusement agitée, lorsque, jetant de sa fenêtre un regard sur le chemin qui bordait la maison, elle aperçut un soldat revêtu de l'uniforme républicain, qui, sans armes, la tête nue, le visage pâle et défait, portant au front une large blessure, dont le sang s'échappait goutte à goutte, se traînait péniblement; et, l'ayant aperçu à travers les vitres de la fenêtre, lui tendait ses mains jointes et suppliantes.

— L'infortuné! il est blessé, il implore mon secours ; ah! courons, courons!

Hélène, ne consultant en cette circonstance que la bonté de son cœur, s'empressa de courir ouvrir la porte de la maison, dans laquelle se précipita le soldat républicain, en disant d'une voix haletante :

— Au nom du ciel, cachez-moi, sauvez-moi la vie, car ils sont à ma poursuite; ils me cherchent pour m'égorger lâchement, ces ennemis sans pitié!

— Entrez donc! fit Hélène en prenant le soldat par la main pour le tirer vivement dans la maison et en verrouiller aussitôt les portes.

Elle le fait entrer; puis, se plaçant en face de lui, elle l'examine et laisse échapper ces mots :

— Georges! Georges! est-ce bien vous

que je retrouve en un pareil état? vous que le ciel m'envoie pour le secourir et lui sauver la vie?

— Hélène ! c'est vous? oh bonheur ! je vous revois enfin !

Les deux amants, ivres du bonheur de se retrouver, se pressaient tendrement, se prodiguaient leurs mutuelles caresses, lorsqu'Hélène s'arracha brusquement à ces transports de joie et de tendresse en se voyant couverte du sang de Georges, dont elle s'empressa de laver les blessures, de les entourer de linge, de prodiguer à son amant tous les soins qui étaient en son pouvoir.

Tandis qu'elle faisait ainsi, Georges, à qui la vue de l'objet aimé semblait avoir rendu les forces, lui apprit que, blessé dans le combat à la tête et au bras, il avait été fait prisonnier et emmené au village; que la négligence de ses gardes, appelés à chaque instant au combat, lui avait permis de s'échapper, de se dérober à la mort inévitable qui l'attendait; et que le hasard, ou plutôt la providence, l'avait conduit auprès d'elle.

Hélène, après avoir écouté, passa son bras autour de la taille de Georges, pour l'aider à se lever et le conduire dans sa chambre, où elle l'invita à occuper son lit.

Le jeune officier fit quelques objections; mais, cédant enfin aux sollicitations de son amie, il fit signe qu'il consentait, se jeta sur le lit, où l'impérieux sommeil ne tarda pas à lui fermer la paupière.

Hélène, le voyant reposer, s'éloigna à bas bruit pour se rendre dans la chambre de la bonne femme qui lui servait de gardienne et de protectrice ; et la voyant encore au lit, mais éveillée, elle se plaça à son chevet et l'instruisit de l'asile et des soins qu'elle venait de donner à un officier républicain.

— Jésus mon Dieu ! qu'avez-vous fait là, ma mignonne ? Recevoir ici un ennemi du seigneur et du roi, un damné ! Mais savez-vous bien que vous vous exposez au courroux du ciel, à voir notre maison ravagée et brûlée par les Vendéens, s'ils apprennent le crime que vous venez de commettre ?... Vite, vite ! hâtons-nous de mettre ce maudit à la porte, afin que nos bons royalistes en fassent justice en envoyant son âme au diable...

— Assez, madame, car ce que vous conseillez là est infâme, impitoyable, indigne d'une femme craignant Dieu. Non, n'espérez pas que j'y consente, quand bien même ce jeune homme me serait étranger. Sachez donc que ce malheureux, que le ciel vient de m'envoyer pour que je lui sauve la vie, est un homme aimé de mon oncle et de moi, à qui déjà deux fois il a sauvé la vie. Et vous me conseillez de le chasser, de le livrer à ses ennemis fanatiques, qui le massacreraient sans pitié ; jamais ! jamais ! s'était écriée Hélène avec force et indignation.

— Si cet homme est aimé, estimé de M. le marquis, ainsi que de vous ; s'il vous a rendu des services, cela change mes idées, et je vous approuve, mademoiselle, de rendre le bien pour le bien... Que cet homme reste ici ; mais je vous préviens d'avance que je ne réponds point des malheurs que sa présence peut attirer sur nous.

— Je prends tout sur moi, madame, et Dieu nous protégera ! reprit Hélène d'un ton ferme.

— Qu'il nous exauce ! répliqua la vieille vendéenne en se signant.

Hélène, impatiente de revoir Georges, laissa sa compagne se lever et s'habiller ;

et après lui avoir de nouveau recommandé le silence et la prudence, elle regagna sa chambre d'un pas léger, car il lui tardait de contempler de nouveau la douce expression des traits de son Georges et d'entendre vibrer sa voix à son oreille.

Georges dormait encore, mais d'un sommeil qu'agitait la souffrance.

Hélène, qui ne voulait pas troubler le repos bienfaisant du soldat, se retira à pas de loup pour ne revenir qu'une heure après avec une tasse de bouillon et une bouteille de vin.

Cette fois, Georges était éveillé, et un joyeux sourire salua la présence d'Hélène, qui s'empressa de lui présenter le bouillon, en lui disant de sa voix douce :

— Prenez cela, mon ami.

Georges obéit, tout en baisant les jolies mains qui soutenaient la tasse et lui versèrent ensuite un verre de vin, qui acheva de lui rendre des forces et de pouvoir répondre aux questions que lui adressait Hélène, à laquelle il apprit sa rencontre avec le marquis, dont il avait le bonheur d'être aimé, auquel il avait été assez heureux de sauver la vie une seconde fois, et qui, dans sa reconnaissance, lui avait fait la promesse de l'unir à sa nièce.

— Quel bonheur ! s'écria Hélène joyeuse ; ainsi nous serons mariés, heureux ? Ah ! Georges, que je voudrais donc voir se terminer cette affreuse guerre qui menace vos jours, Georges, mon mari ! ah ! pre-

nez bien soin de votre vie, mon ami :
pensez que si vous cessiez de vivre, il me
faudrait mourir aussi.

— Calmez vos craintes, chère Hélène,
le ciel qui nous voit, qui a fait naître dans
nos cœurs l'amour qui les anime, ne voudrait pas nous séparer pour toujours.

— Quant à moi, Georges, rien ne menace ma vie ; et si l'un de nous a à trembler pour l'autre, c'est moi, moi seul,
Georges, qui vous sais en danger, et frémis de crainte, d'effroi, lorsque le bruit
des combats que vous livrez aux royalistes vient à mes oreilles.

— Hélène, la mort me prendra en pitié ; elle ne voudra pas m'arrêter au milieu de ma carrière; elle me laissera conquérir mes grades ; elle me permettra d'apporter à ma femme, sinon la fortune, au moins un titre glorieux, digne de la noble demoiselle qui n'a pas dédaigné le simple soldat et consent à devenir sa compagne chérie, en acceptant son nom et sa main.

— Georges, au risque de ta vie, n'ambitionne pas les honneurs; reste ce que tu es et conserve-toi pour ton Hélène, qui t'aimerait tout autant quand même tu serais le plus obscur des hommes. Georges, je t'aime!

En prononçant ces derniers mots, avec amour et passion, la jeune fille posa ses lèvres charmantes sur la joue de Georges, qui, enivré de bonheur, lui rendit au centuple cette première et douce caresse.

A ce moment, un bruit qui se fit devant la maison arracha Hélène du chevet de Georges pour courir, aussi légère et joyeuse que l'alouette qui fait entendre son gazouillement, à la fenêtre de la chambre, d'où elle aperçut plusieurs Vendéens armés qui sortaient d'une chaumière située vis-à-vis et se dirigeaient vers sa demeure.

L'idée que ces hommes sont à la recherche de Georges la fait frémir, lui coagule le sang. Georges lit le danger qu'il court sur les traits de la jeune fille.

— Georges, ne crains rien, lui dit-elle, je vais parler à ces gens, te sauver ou mourir avec toi.

Hélène s'éloigna sans plus attendre ; et après avoir fermé à double tour la porte de la chambre et mis la clef dans sa poche, elle se hâta de descendre et d'aller se placer sur le seuil de la porte de la maison et d'y attendre les Vendéens, qui venaient à elle.

— Que voulez-vous, braves amis de Dieu et du roi? Est-ce de la nourriture, du vin, afin de ranimer vos forces épuisées par les combats et la fatigue? Entrez alors, car c'est moi, noble demoiselle Hélène de Koërlec, nièce du marquis Hector de Bussière, lequel, en ce moment, combat avec vous, au milieu de vous, qui vous offre l'hospitalité, fit Hélène avec assurance.

— Noble demoiselle, excusez-nous ; mais, ignorant que cette maison était la vôtre, nous voulions y faire la perquisition que nous venons d'exercer dans toutes les autres, afin de nous assurer si quelques-uns de ces gredins de bleus, que nous avons rossés cette nuit, ne s'y seraient pas réfugiés, répondit celui qui paraissait être le chef de la bande.

— J'approuve fort votre prudence, mes braves Vendéens ; entrez, fouillez la maison du haut en bas; mais, foi de royaliste, je crois que ce sera peine perdue, car je suppose que nul ennemi du roi n'aurait eu l'audace, sans risquer d'être aussitôt remis entre vos mains, de venir se réfugier chez la baronne de Koërlec.

Entrez, vous dis-je, et hâtez votre perquisition, afin d'être plus tôt libres de trinquer avec moi à la santé du roi, à celle de la courageuse et fidèle Vendée ! reprit la jeune fille en s'effaçant pour livrer passage aux chouans, auxquels son langage hardi en imposait.

— Dieu nous garde, noble demoiselle, de pousser l'audace jusqu'à fouiller la demeure d'un baron royaliste. Quant à accepter de boire avec vous au triomphe du roi, nous n'avons garde de refuser pareil honneur.

— Entrez alors, mes amis, et soyez les bien-venus.

Hélène engagea les chouans à s'asseoir autour d'une table placée dans une salle basse, et fût elle-même chercher une cruche de vin et une autre de cidre, à la cave, en ayant soin de laisser toutes les portes ouvertes, afin de donner plus de confiance aux Vendéens, auxquels elle versa elle-même à pleins bords, tandis que sa vieille compagne, bien moins rassurée qu'elle, plaçait d'une main tremblante, sur la table, une miche de pain et un énorme jambon.

Après avoir fêté copieusement les cruches et les comestibles, les Vendéens se décidèrent à lever le siége pour se mettre en route et continuer leurs visites domiciliaires.

— Allez, mes braves; et lorsque vous aurez faim et soif, gardez-vous d'oublier ma demeure, disait Hélène en reconduisant les chouans jusqu'au seuil de la maison, où elle ne rentra qu'après avoir vu ces derniers s'éloigner.

Georges resta quinze jours entiers dans la demeure d'Hélène, car sa prison lui semblait douce.

Nous passons sous silence tout ce que se dirent les deux amants durant cet espace de temps; toutes les chastes caresses qu'ils se prodiguèrent, les serments d'amour éternel qu'ils échangèrent mutuellement, ainsi que les doux et riants projets qu'ils formèrent pour l'avenir.

Cependant l'armée républicaine, dans le feu de ses victoires et impatiente de venger l'échec qu'une faible partie de ses soldats a éprouvé aux abords de Fourrière, se dirige sur ce hameau.

Cette nouvelle a produit une grande agitation parmi les chefs vendéens. A leur appel, des renforts considérables sont arrivés en foule. Aucun moyen n'est épargné par eux pour seconder la bravoure des paysans, dont rien ne peut abattre la constance.

En apprenant de la bouche d'Hélène les glorieux dangers qui se préparent, Georges ne saurait supporter plus longtemps, sans rougir, cet état d'existence négative où le corps est condamné à demeurer passif, alors que toutes les forces de l'âme prennent une activité nouvelle.

Il adore Hélène, il se trouve heureux auprès d'elle, et cependant il prête une oreille attentive à la voix de l'honneur, qui lui ordonne de se réunir à ses compagnons d'armes et de partager leurs périls et leur gloire ; enfin son inaction lui paraît une lâcheté, et il rougit de honte à la seule pensée d'être découvert dans l'asile de deux femmes, lorsque ses compagnons victorieux se seront emparés du village après en avoir chassé les chouans.

Il partira donc !...

L'aveu de cette séparation, la pensée des dangers auxquels va de nouveau et volontairement s'exposer celui que son cœur aime, remplissent l'âme d'Hélène de douleur et d'effroi ; en vain la pauvre enfant emploie-t-elle la prière, la supplication, les larmes même pour détourner Georges de son projet et le captiver près d'elle.

— Hélène, lui répond le jeune homme, si je devenais un lâche, tu cesserais de m'aimer, car tu rougirais de moi, toi noble fille, qui ne dois estimer que le courage. Hélène, quoique cette séparation soit pour nos cœurs une extrême affliction, ne me retiens pas! l'honneur m'appelle sous mon drapeau, et quand sa voix se fait entendre, il y aurait lâcheté à ne point y répondre. Hélène, l'amour que nous nous sommes juré sera mon talisman au milieu des combats; je vivrai et me couvrirai d'une gloire qui rejaillira sur toi, ma femme bien-aimée! Laisse-moi partir, afin que je sois digne d'être un jour ton époux.

— Pars donc, puisqu'il le faut, mon Georges, mais jure de te conserver pour ton amie, qui ne pourrait survivre à ta perte, répondit Hélène en tombant en larmes sur le sein de Georges, qui l'y tint longtemps pressée et inonda son beau visage de mille baisers, en lui disant :

— Hélène, calme ton désespoir, et réjouis-toi, car demain la victoire me ramènera dans tes bras.

L'heure de la séparation a sonné, car la nuit est venue sombre et pluvieuse, comme pour favoriser la fuite de Georges.

La première heure de la nuit tintait à

l'horloge du village, lorsqu'Hélène ouvrait à son amant la porte du jardin situé derrière la maison, jardin dans lequel Georges s'élança.

Du doigt Hélène lui indique un sentier qui conduit au bois, où Georges espère trouver une ouverture au-delà des limites des royalistes. Sa bouche presse de nouveau celle de son amie, et lui dit tendrement :

— Prends courage, mon Hélène, et dans quelques heures je serai de retour.

Puis le jeune officier, après s'être arraché des bras d'Hélène, qui sanglotait, disparut dans l'obscurité. La pluie qui tombait à torrents noya jusqu'au bruit de ses pas. Quelle nuit pour la pauvre Hélène !

Le jour se leva menaçant et terrible. Au premier bruit du canon et de la mousqueterie, le cœur d'Hélène bondit de douleur et de crainte; n'y tenant plus, et à tout prix voulant savoir ce qui se passe, la jeune fille quitte sa demeure; d'un bond elle s'élance vers la colline la plus proche, dans la direction de la bataille.

Là, des cris de triomphe frappent ses oreilles. elle voit les femmes de l'armée royaliste agiter leurs mouchoirs avec une joie délirante et des gestes frénétiques ; elle distingue, dans un nuage de fumée, le principal corps des Vendéens se précipitant sur les lignes républicaines et balayant tout sur son passage.

Leur impétuosité leur avait fait devancer l'attaque, et à peine les redoutes avaient-elles commencé le feu, qu'ils s'étaient précipités du haut de leurs positions par un mouvement aussi imprévu qu'il avait été irrésistible.

Les avantages d'un parti et le désordre de l'autre ne furent que temporaires. Le courage des républicains était inébranlable; ils revinrent à la charge avec une intrépidité héroïque, et changèrent la fortune du jour.

Les Vendéens plièrent à leur tour; mais se jetant derrière les haies en groupes détachés, ils forcèrent leurs ennemis à les attaquer en détail, et le combat devint alors une lutte sanglante d'homme à homme; enfin les Vendéens abandonnèrent la vallée, et comme ils battaient rapidement en retraite sur la colline, une terreur panique fit voler les femmes vers le village en poussant des cris épouvantables.

Une seule resta courageusement : c'était Hélène, dont les regards invariablement fixés sur cette scène de carnage, en interrogeaient chaque détail avec avidité. Elle venait d'entendre la voix colère des combats, le sifflement des boulets, le cliquetis des sabres, les gémissements de l'angoisse et de la mort ; et une seule voix, dans cet affreux tumulte, résonnait incessamment à ses oreilles.

Ce mot si doux que lui avait laissé Georges en la quittant : « A demain ! » vibrait seul dans son cœur; et, au milieu de ce immense deuil, elle tenait avec certitude à la réalisation de cette espérance.

L'œil avide d'Hélène cherchait Georges dans tous les groupes de combattants, dans ceux-là surtout où se signalaient les plus hauts faits de courage et de bravoure ; car une voix intérieure lui disait qu'il devait y figurer.

Un bleu venait-il à succomber sous les coups de son ennemi, la pauvre enfant poussait un cri de désespoir ; si, au contraire, elle voyait un chouan terrassé par un républicain, dans le délire d'une joie insensée, elle adressait au ciel un remercîment.

Que lui importaient cette royauté ou

cette république, au profit desquelles s'é-
gorgeaient tous ces niais, ces esclaves ?...
comme si le gagnant, dans cette terrible
partie devrait, au jour de son triomphe,
leur en savoir quelque gré?

Son intérêt, à elle, c'était son amour;
et pour en jouir en paix, Hélène aurait
volontiers renié tous les tyrans de la
terre. Eh! qu'elle avait raison, la chère et
aimante fille, aux yeux de qui toutes les
têtes couronnées ne valaient un cheveu de
l'homme qu'elle aimait et duquel elle était
aimée.

Une charge générale, que la nature
d'un terrain plat et découvert permit enfin
aux républicains d'exécuter, emporta devant eux les partis rompus des Vendéens;

la masse confuse se replia vers le village, et la pauvre Hélène, qui n'avait fui assez vite, Hélène surprise fut emportée par le flot, presque étouffée par la presse de cette multitude terrifiée.

Dans cette déroute universelle, une même âme semblait diriger tous les Vendéens vers l'église, comme pour aller chercher salut et protection sous l'abri de ses mûrs vénérés.

Là, prosternés sur la terre, ils invoquèrent l'aide du ciel, et la voix du curé ayant de nouveau enflammé tous ces idiots fanatiques, ils retournèrent au combat, en poussant des cris de rage. Mais cet héroïque désespoir vint expirer devant les baïonnettes républicaines.

La lutte fut courte, mais horrible. Le système de guerre inventé par la convention est appliqué impitoyablement : les soldats, la torche en main, promènent l'incendie de chaumière en chaumière ; la flamme n'épargne rien, et bientôt la vieille église tombe avec un fracas épouvantable.

Hélène, à la vue de ces scènes de désolation qui se déroulent à ses yeux, à l'aspect de tant de misères, sent son cœur se briser. Ne pouvant regagner sa demeure, dont l'incendie lui ferme le passage, elle va, vient sur le champ de bataille ; et combien de fois, hélas ! elle se détourne en frémissant des victimes sanglantes de cette terrible journée.

Enfin, à travers les épaisses vapeurs d'un air embrasé et suffoquant ; à travers les hurlements des enfants et des femmes, des exécrations des hommes, et en faisant un long détour, Hélène, plus morte que vive, la tête perdue, parvient à gagner le lieu où deux heures auparavant, s'élevait, gracieuse et coquette, la maison qu'elle habitait, dans laquelle elle a laissé sa vieille compagne endormie. Oh ! douleur, Hélène n'aperçoit plus rien que des décombres fumants ; pas un seul vestige de maison ni d'ameublement n'a échappé aux flammes ; la treille qui pendait gracieusement au-dessus de la porte ; le bel acacia qui abritait de ses branches touffues le toît de cette demeure, tout a été consumé en un instant.

Hélène, accablée par la douleur et ne sachant plus que devenir, se laissa tomber sur une pierre et se mit à pleurer.

— Holà la chouanne ! que fais-tu là ? Allons, lève-toi et suis-nous, fit une voix brusque.

Et comme la pauvre fille, absorbée par l'anéantissement, tardait trop à répondre, une main vigoureuse la saisit par le bras et la força de se lever.

— Que me voulez ? dit-elle aux soldats qui l'entouraient et l'apostrophaient de la sorte.

— Sambleu ! que tu viennes avec nous où il nous plaira de te conduire.

— Tiens ! mais elle est gentille, la vendéenne, et si elle consentait à se faire un brin républicaine, on pourrait peut-être lui faire grâce, disait un soldat en ricanant.

— Allons, la belle, ne fais pas ainsi la timide et lève le nez, afin que nous puissions t'examiner tout à notre aise, fit un autre en portant la main au menton d'Hélène, qui recula effrayée.

— Ah! tu fais la mijaurée, et fi des républicains... eh bien! tu vas la danser comme les autres... Allons, en avant, marche... et plus vite que ça, la belle, disait un soldat grossier en la prenant par le bras pour l'entraîner.

— Hélas! prenez pitié de moi, messieurs, car je n'ai jamais fait de mal à personne, fit Hélène d'une voix suppliante et les mains jointes.

— D'abord, la belle, tu sauras qu'il n'y a plus de monsieur, mais bien des citoyens.

Hélène, malgré ses prières, ses larmes, est traînée sans pitié jusqu'à l'endroit où le commandant de l'expédition a placé son quartier général, où les femmes du village, faites prisonnières, sont accroupies sur la terre, serrées les unes contre les autres et gardées à vue, en attendant qu'on décide de leur sort.

— Comment, encore une! quoi diable allons-nous faire de toutes ces femelles ?

s'écria le commandant en voyant Hélène que les soldats lui amenaient.

— Ma foi, commandant, mon avis est, sauf le vôtre, d'envoyer toutes ces femmes à la ville, où le commissaire de la Convention en fera ce qu'il voudra, proposa un chef à l'air rébarbatif.

— Parbleu ! voilà une drôle d'idée que vous avez là, Dufour. Mais en agissant de la sorte, vous ne réfléchissez donc pas au sort qui serait réservé à ces malheureuses ; que ce serait enfin vous faire, vous soldats, les pourvoyeurs de la guillotine. Eh ! le ciel nous garde d'un rôle pareil, répondit le commandant.

— Cependant, commandant, tel est

l'ordre exprès de la Convention, reprit Dufour.

— Le vôtre est de ne rien imposer à votre chef, citoyen officier, fit le commandant d'un ton sévère, devant lequel s'inclina Dufour. A fin de compte, conduisez toutes ces pleurnicheuses au château voisin, qui leur servira de prison avant que nous le livrions aux flammes ; elles y resteront jusqu'à ce que nous ayons décidé de leur sort, ajouta le chef avec insouciance, en tournant le dos à l'officier Dufour, et s'éloignant les deux mains derrière le dos.

— Allons, en route, les belles ; prenez vos mioches dans vos bras, et en avant, marche ! fit Dufour d'une voix brusque.

Cet homme, fort peu estimé des chefs et des soldats, était soupçonné d'être un espion de la Convention, et, à ce titre, l'objet d'une défiance incessante.

Les Vendéennes obéirent, et sur un ordre, se mirent tristement en route; toutes, avant de s'éloigner, tournèrent leurs regards noyés de larmes vers le lieu où, la veille encore, se trouvait leur village, le berceau de leurs enfants.

Hélène, qui n'avait pas revu Georges et le croyait mort, n'ayant plus rien qui l'attachât à la vie, marchait au milieu de ses compagnes d'infortune, plongée dans une morne indifférence.

Ce magnifique château, voué à la destruction, aux flammes, auquel on la conduisait, n'était situé qu'à un quart de lieue, et le trajet fut franchi en moins d'un quart d'heure. Les prisonnières furent parquées dans la cour, où une garde spéciale fut chargée de veiller sur elle.

La journée s'écoula triste et longue pour ces malheureuses, qui, sachant que leurs maris ne faisaient nulle grâce aux soldats républicains qui tombaient entre leurs mains, pensaient que les bleus useraient de représaille à leur égard, se croyaient destinées à une mort certaine, qu'elles attendaient avec courage et résignation, elles qui venaient de perdre en quelques heures époux, parents, amis, tout ce qu'elles possédaient au monde, et tout cela pour défendre la cause de princes insouciants, ingrats, qui, lorsqu'ils étaient au pouvoir, ne s'occupaient d'eux que pour les traiter en bêtes de somme, leur arracher le fruit de leur travail pour le gaspiller en fêtes et en orgies.

Hélas ! hélas ! que les peuples sont donc sots de se sacrifier ainsi pour des gens pareils ! Quand donc ces pauvres niais s'apercevront-ils que n'importe le maître qu'ils se donnent, que ce soit Pierre ou Paul, il y a toujours un bât à porter.

La nuit était venue que les prisonnières n'avaient encore reçu aucune nourriture ; accroupies de côté et d'autre dans la cour, tenant leurs pauvres enfants sur leurs genoux, elles pleuraient et priaient lorsque le bruit du tambour vint les arracher à leur insomnie et leur faire lever la tête pour porter leurs regards du côté d'où venait le bruit.

Venait-on les chercher pour les mener à la mort, au supplice? Et toutes ayant la même pensée, se mirent à se signer et à prier.

La grille du château s'ouvrit pour donner entrée à un bataillon républicain, qui, après avoir poursuivi l'ennemi et battu la campagne, revenait au camp se reposer au milieu de leurs camarades.

Parmi les officiers qui commandaient ces nouveaux venus se trouvait notre héros principal. Georges était vivant, mais désespéré, car il venait de traverser avec ses hommes l'endroit où la veille s'élevait encore, radieuse et coquette, la demeure de son Hélène ; et sur ce terrain où s'élevait le village, il n'avait aperçu que des ruines fumantes, ni trouvé un seul habitant qui pût le renseigner sur le sort de celle qu'il venait chercher.

Georges, en arrivant au camp, venait d'apprendre que toutes les femmes de Fourrière, ayant été ramassées et amenées dans le château, étaient toutes rassemblées dans la grande cour.

A cette nouvelle, qui rendait une lueur d'espérance à son cœur désolé, Georges s'était empressé de pénétrer dans la cour, et grâce au rayon de lune qui brillait en ce moment, d'examiner le visage de chaque prisonnière, et à chaque groupe qu'il abordait, de prononcer le nom d'Hélène, laquelle, s'entendant appeler, leva la tête et poussa un cri de joie en reconnaissant son Georges, qui l'aida à se relever et s'empressa de l'entraîner loin de ses compagnes d'infortune.

— Georges! Georges! sauve-moi, sauve ta femme! s'écria alors Hélène en jetant ses bras autour du cou de son amant.

— Oui, mon Hélène, je veux t'arracher à la mort... Viens, viens!

En disant ainsi, Georges entraînait la jeune fille, sur les épaules de laquelle il venait de jeter son manteau, pour lui faire franchir la grille de la cour et l'entraîner dans l'ombre, à travers des chemins étroits et bordés de haies vives.

Après quelques instants d'une course rapide, Hélène, accablée de fatigue, sentit ses jambes fléchir sous elle.

— Georges, dit-elle alors d'une voix faible, je me sens mourir ; laisse-moi ici faire ma dernière prière et rendre mon âme à Dieu, et retourne vers les compagnons, car dans cette campagne, derrière ces buissons, tes ennemis embusqués te guettent, ils t'attendent peut-être et leurs armes se disposent à t'envoyer la mort. Georges, que je ne sois pas la cause d'un pareil malheur ! fuis-moi, laisse-moi ici ; et si nous ne devons plus nous revoir, garde mon souvenir et moi je prierai pour toi dans le ciel.

— T'abandonner! ah! jamais; plutôt mourir mille fois! s'écria Georges.

Et comme Hélène, devenue plus pâle que la mort, s'affaissait dans ses bras, il l'enleva et pressant contre son cœur ce précieux fardeau, il se mit à marcher d'un pas pressé.

Où le jeune homme conduisait-il ainsi la pauvre Hélène dans cette campagne qui lui était inconnue? Il l'ignorait; mais son intention n'était autre que de marcher, toujours marcher jusqu'à ce qu'il rencontrât un parti de Vendéens auquel il put confier Hélène et demander protection pour elle, en qualité de fille noble et de royaliste, et cela au risque d'être fait prisonnier et fusillé par ces gens.

Le généreux Georges, ainsi décidé, marchait bravement au-devant du danger, lorsque, accablé par la fatigue et fort inquiet de voir se prolonger l'évanouissement d'Hélène, il se décida à s'arrêter près d'un ruisseau caché sous l'herbe, mais dont le murmure trahissait la présence.

Il déposa doucement la jeune fille sur le gazon, l'examina attentivement, écouta la faible respiration qui s'échappait de son sein et en recueillit le souffle sur ses lèvres.

Georges alors s'empressa d'humecter

d'une eau fraîche le front, les joues d'Hélène ; d'en introduire quelques gouttes dans sa bouche, et le jeune homme poussa un cri de joie en voyant l'heureux résultat de ses efforts : Hélène venait d'ouvrir les yeux.

— Où sommes-nous, mon ami ? demanda-t-elle d'une voix faible.

— A peu de distance de l'endroit où je te mène, où ta vie sera en sûreté.

— Georges, y resteras-tu, près de moi ? car je ne veux plus te quitter, mon ami ; vivre loin de toi, Georges, c'est mourir.

— Hélène, c'est dans les bras de ton oncle que je te conduis, ton oncle qui, m'a-t-on dit, a trouvé un refuge au quartier général des Vendéens, après s'être échappé du moulin des revenants, où je l'avais laissé sous la garde de ma bonne et charitable mère.

— Georges, je préfère rester près de toi ; fais de moi ce que tu voudras, mais je ne veux plus te quitter. Je serai ta servante, ton esclave, mais garde ta pauvre Hélène, garde-la! disait la jeune fille d'un ton suppliant, en entourant de ses bras le cou de son amant, en pressant ses lèvres des siennes.

Georges, à ce moment, brûlé par le souffle d'Hélène, était fou d'amour et d'ivresse.

Mais, hélas ! quoi répondre à cet ange qui supplie ? comment lui faire comprendre que, soldat, il ne peut disposer de sa volonté ; qu'il l'aime assez pour préférer se séparer d'elle plutôt que de l'exposer aux chances meurtrières de la guerre, à ses dangers incessants, à ses fatigues surhumaines ?

Georges donc fouillait dans sa pensée en l'espoir d'y trouver des paroles assez persuasives pour combattre la volonté d'Hélène, de cette femme adorée dont il aurait désiré ne jamais se séparer, mais que son devoir de soldat et l'humanité lui commandaient d'éloigner des champs de bataille et de préserver de tous les dangers, lorsqu'un bruit soudain se fit entendre derrière la haie près de laquelle ils se trouvaient arrêtés.

Georges, qui était agenouillé devant Hélène, prévoyant un danger, se redressa vivement et s'arma de ses pistolets. Au même instant plusieurs chouans l'entourèrent, ainsi qu'Hélène, en les mettant en joue.

— Haut les armes, misérables ! et respectez en mademoiselle de Koërlec la nièce du marquis de Bussière, lequel combat aujourd'hui dans vos rangs, s'écria Georges en faisant de son corps un rempart à Hélène.

— Vive mademoiselle de Koërlec, alors,

mais mort au bleu! répondirent les Vendéens.

— Grâce pour lui, mes amis, lui qui vient de m'arracher à la mort, lui que j'aime, qui est mon époux ! s'écria Hélène à son tour, en se traînant suppliante aux genoux des chouans.

— Mort aux bleus, aux assassins de nos femmes, de nos enfants, aux incendiaires de nos chaumières.

Puis un coup de feu partit, et Georges tomba la face contre terre, les deux bras étendus.

Hélène poussa un cri de désespoir et tomba sans connaissance sur le corps de son amant.

— Gars, emportons la demoiselle, cela nous vaudra peut-être une récompense ; quant à ce cadavre, qu'il aille se tenir au frais dans ce ruisseau.

Cela dit, et après avoir dépouillé le corps sanglant de l'officier de ses habits et de ses armes, les Vendéens le poussèrent du pied dans le lit du ruisseau.

II

Pour bien initier nos lecteurs dans toutes les péripéties de ce drame historique, il nous devient important de reculer de deux mois et de les conduire de nouveau au village de Bussière, ainsi qu'à la ferme où nous avons laissé la pauvre Madeleine au moment où, après avoir descendu dans le caveau des sépultures de la famille seigneuriale, elle s'était aperçue que le trésor que le marquis de Bussière y avait caché avait été soustrait par une main hardie et sacrilège.

Madeleine, ainsi que nous l'avons dit plus haut, avait aussitôt soupçonné Pierre Landry de ce vol audacieux, surtout après s'être rappelée le séjour qu'elle et son mari avaient fait au château un mois après leur retour au pays.

Madeleine s'était souvenue encore des allées et venues mystérieuses de Landry vers l'aile du château où se trouvait située la chapelle. Toutes ces choses n'avaient pas peu contribué à persuader la pauvre femme que le larron n'était autre que son mari.

Mais comment Landry avait-il eu connaissance de ce trésor? Qui avait pu lui indiquer le lieu où il était enfoui? De quelle ruse s'était-il servi pour devenir maître de ce secret?

Ainsi se demandait Madeleine, sans venir à bout de résoudre ce problème. Tout cet or, Landry ne pouvait l'avoir dépensé en aussi peu de temps; aussi la plus grande partie de ce trésor devait donc être encore en sa puissance, caché dans quelque coin de la ferme, enterré, scellé dans une muraille peut-être, et il s'agissait de le retrouver, de l'arracher des mains du spoliateur pour le restituer à son véritable propriétaire.

Ainsi décidée, Madeleine se promit d'exercer une incessante surveillance sur les allées et venues de son mari; d'épier en secret toutes ses démarches, jusqu'à ce que Landry eût de lui-même, et sans s'en douter, indiqué la cachette du trésor, ce qui ne pouvait tarder d'arriver, parce que Landry, jaloux et amoureux de son or, comme un amant l'est de sa maîtresse, devait lui faire de fréquentes visites.

Mais où était ce Landry? qu'était-il devenu depuis quinze jours que les bleus, en quittant la ferme, l'avaient emmené de force avec eux, d'après l'ordre du commissaire de la Convention, pour qu'il leur servît de guide?

L'ex-perruquier, après avoir indiqué aux républicains les chemins les plus courts comme les plus sûrs, pour rejoindre le quartier-général de leur armée, et après les y avoir conduits sans encombre, voyant la corvée remplie, se disposait à s'en retourner chez lui, lorsque Coquardeau, qui ne jugeait pas qu'il en soit ainsi, vu que la présence de Landry à la ferme serait chose fort gênante pour Madeleine, dont il empêcherait les allées et venues à l'île du moulin, et que cet empêchement nuirait infiniment au rétablissement du marquis, Corquardeau donc s'empressa d'aller trouver le commissaire conventionnel et de lui démontrer en peu de mots le grand et utile intérêt qu'il y avait pour l'armée, d'avoir à sa disposition un homme tel que Landry, qui, premièrement, dévoué de corps et d'âme à la république, connaissait de plus sur le bout de son doigt la topographie du pays, les ruses des Vendéens et les endroits que ces derniers choisissaient de préférence pour dresser leurs embuscades.

Ces paroles suffirent pour décider le commissaire, qui, après avoir complimenté le sergent sur son zèle et son dévouement, fit aussitôt signifier à Landry la défense de s'éloigner, et qui, pour plus de sûreté, donna ordre qu'il fût gardé à vue.

— Sambleu ! comprends-tu, garçon, disait quelques heures plus tard Landry à Coquardeau, qu'il venait de rencontrer dans le camp, que ce bougre de conventionnel me retient ici contre ma volonté ?

— Mille cartouches ! voilà qui est arbitraire, ou je ne m'y connais pas ! répondit le sergent d'un air surpris.

— S'il croit, le chien de guillotineur, que j'attendrai son bon plaisir pour lui brûler la politesse, il se trompe fort, ma foi ! car si je trouve ma belle pour gagner les halliers, je me promets certes d'en profiter.

— Eh bien ! père Landry, vu l'intérêt

que je vous porte, je n'ai garde d'approuver votre projet, fit le sergent.

— Je me passerai de ton approbation, mon garçon, vu que je suis dans mon droit et que la liberté vient d'être acquise à tout citoyen.

— Très-bien! mais lorsqu'il s'agit du service militaire, il n'y a plus de liberté possible, mon cher ex-patron ; et la république, toute libérale qu'on la dit être, ce dont je ne me suis pas encore aperçu jusqu'alors, ne se gêne pas le moins du monde pour faire fusiller ou couper le cou à ceux qui essaient de lui désobéir; or, prenez garde à vous, père Landry, car si vous essayez de vous donner de l'air et que vous soyez pincé, votre affaire est faite, et je ne donnerais pas six blancs de monnaie de votre peau.

— Alors ce sera à moi de ne pas manquer mon coup, reprit Landry.

— Voyons, ex-patron, pourquoi vouloir absolument vous séparer de nous, lorsque vous êtes en famille; que, excepté le manger, le coucher et vos aises, rien ne vous manque ici? lorsque dans quelques heures, dit-on, nous allons avoir l'avantage de nous donner une poignée de main avec messeigneurs de l'armée royale, qui viennent nous mettre à la raison, avaler les républicains et la république sans même les éplucher, ce qui va en plus procurer à vos oreilles un petit concerto de fusillade et de canonade, au son duquel il vous sera permis d'exécuter le pas de la carmagnole, pour le peu que vous en ayez l'envie... Mais, j'y pense ; votre fils Georges est absent en ce moment du camp, et vous ne pouvez décemment vous éloigner sans lui avoir fait vos adieux et reçu les siens, surtout au moment d'une bataille. Car, qui sait si lui et moi nous serons encore en vie ce soir ou demain ; c'est tout au plus si, à l'heure qu'il est, je répondrais de l'existence de ce cher Georges, qu'il a plû à notre colonel de désigner pour commander le bataillon envoyé ce matin pour fouiller les hameaux voisins, afin d'en débusquer les chouans qui n'ont cessé de nous harceler durant le trajet que nous avons fait de votre village ici.

Landry ne répondit à ces derniers mots qu'en fronçant le sourcil ; et comme le sergent ne se contentait pas de cette muette réponse, qui n'indiquait rien de favorable de la part de l'ex-perruquier en faveur de son officier et ami, Coquardeau se disposait à reprendre la parole lorsque le roulement des tambours, l'éclat des trompettes, enfin le prompt mouvement qui s'opérait dans le camp, lui coupa la parole et le fit courir à ses armes.

C'était l'avant-garde de l'armée vendéenne qui se montrait au loin et s'avançait au pas de charge, aux cris mille fois répétés de vive le roi! et en agitant son drapeau blanc fleurdelysé.

Le soleil, en ce moment, brillait au

ciel; mais les oiseaux, effrayés par le tumulte et le cliquetis des armes, ne chantaient plus, et la nature tout entière semblait être engourdie; à peines quelques cigales babillardes révélaient-elles sous le feuillage la saison chère aux moissonneurs. Tous les objets paraissaient avoir pris une teinte funèbre, et le lézard, dans le creux des murailles, l'araignée dans sa toile tremblante, le lièvre dans son gîte étroit, étaient comme frappés d'immobilité.

De nombreuses troupes de corbeaux, qui plânaient dans l'immensité du ciel, rompaient seules le silence de la nature par leurs croassements de joie; ils sentaient les hécatombes humaines qu'on allait livrer à leur voracité.

L'instant sinistre se fit peu attendre, car les deux camps ennemis s'étant approchés, les décharges d'artillerie et celles de la fusillade retentirent à faire trembler le sol à plusieurs lieues de distance. Les vapeurs épaisses de la poudre s'élevaient dans les airs comme des nuages et interceptaient parfois les rayons du soleil ; parfois on entendait aussi les rugissements des soldats et les cris plaintifs des blessés, qui perçaient les profondeurs de l'espace et couvraient le bruit des tambours, les aigres arpéges des fifres, les vagissements de la trompette. C'était tantôt un tumulte de géant, et tantôt un silence de mort plus effroyable encore. C'est que, en ce moment suprême, républicains et Vendéens se battaient comme des lions et déployaient autant les uns que les autres une héroïque valeur.

La victoire un instant incertaine, se décida enfin pour l'armée républicaine. Les Vendéens, qui jusqu'alors s'étaient battus avec tout le courage que donne le fanatisme, et qui étaient plus nombreux d'un tiers que les républicains, furent en partie tués par le feu et les baïonnettes, puis forcés de fuir en désordre afin de gagner les bois, où un ennemi furieux, implacable, les poursuivit et en massacra encore un grand nombre.

Landry, qui avait compté sur le tumulte de la bataille pour s'échapper et regagner ngrande, puis son village, fut tout dé confi de se voir garder à vue par la garde du camp; petit ordre secret émané de la volonté du sergent Coquardeau, qui ayant deviné les intentions vagabondes de son ex-patron et voulant le retenir loin de sa femme, n'avait rien mieux trouvé que de charger ses camarades de surveiller Landry et de l'empêcher de déserter, pendant le temps qu'il allait passer à mettre messieurs les Vendéens à la raison.

Notre Coquardeau enfin, s'arrangea si bien que ce ne fut qu'après quinze jours de captivité que Landry, un soir, qu'il guidait un détachement à travers un bois, parvint à s'échapper, non sans peine, en profitant de l'obscurité pour se jeter brusquement dans les taillis épais qui bordaient une route tortueuse, et cela aux dépens de sa vie, car en le voyant disparaître, les soldats auxquels Coquardeau l'avait recommandé, s'empressèrent de faire feu dans la direction qu'ils lui avaient vu prendre.

Landry, qu'une balle avait légèrement frappé au bras gauche n'en continua pas moins sa course rapide, si bien qu'il arriva chez lui le lendemain comme l'horloge du village tintait la deuxième heure du matin, chez lui où il trouva sa femme établie dans la salle basse et en train de coudre.

— Bonjour Madeleine, fit-il d'un air forcé en se présentant.

— Enfin te voilà donc de retour ; d'où

viens-tu, Pierre, pour laisser ainsi ta femme et ta maison seule? demanda froidement Madeleine sans se lever de sa chaise.

— Parbleu ! de la guerre.

— Ah! tu reviens de te battre contre les bleus?

— Ni contre eux ni contre les blancs, je me suis contenté tout bonnement de regarder ces loups imbéciles s'entregorger entre eux pour des choses qui ne les regardent nullement, et comme je me soucie autant que ce soit un roi ou les républicains qui gouvernent la France et tondent le pauvre peuple; comme il faut absolument, à ce qu'il paraît, que nous ayons un maître, il m'importe fort peu qu'il soit blanc ou bleu; quant à moi, si je ne suis revenu plutôt, c'est qu'il m'a été impossible de faire autrement. Mais laissons tout cela et apprends moi ce qui s'est passé de nouveau ici.

— Pierre, est-ce que vous étiez à la bataille qui s'est donnée il y a quelques jours où les royalistes ont été massacrés?

— J'y assistais, l'ai-je dit tout à l'heure, mais de loin, dieu merci.

— Pierre, mon fils Georges y était-il? s'informa Madeleine avec empressement et inquiétude.

— Je n'en sais rien, s'il est mort ou vivant, je n'en sais d'avantage.

— Et voilà ce que vous venez apprendre à une mère, voilà la consolation que vous lui apportez lorsque vous la trouvez tremblante sur le sort de son enfant ?

—Mille dieux ! fallait-il donc que je suivisse votre Georges au milieu du combat, sous les boulets et la mitraille, pour me faire tuer à sa place ? Merci ! je ne m'intéresse point tant que cela aux gens qui me sont étrangers.

— Pierre, vous n'avez ni cœur ni âme, reprit Madeleine de l'expression d'un souverain mépris.

— Au diable la sensiblerie et réponds à mes demandes : qu'est devenu ce marquis de Bussière, est-il mort ou vivant?

— Il n'existe plus, répondit Madeleine, en demandant tout bas pardon à Dieu de ce mensonge.

— Alors que Dieu lui ouvre son paradis, reprit Landry en dissimulant la joie que lui occasionnait la mort supposée du marquis.

Madeleine, reprit-il, ce pays est trop dangereux; on risque de rencontrer la mort à chaque pas, or, j'ai résolu que nous le quitterions sous peu de jours, afin de passer en pays étranger et de pouvoir vivre et jouir en paix de la fortune que j'ai su gagner par mon adresse.

— Ah, nous sommes donc riches, Pierre, je l'ignorais, fit Madeleine innocemment.

— Très riches ! en serais-tu fâchée ?

— Il y aurait sottise à moi... Ça, où donc est-elle cachée cette fortune, car hors cette ferme et les quelques pièces de terre qui en dépendent, je ne vois plus rien qui nous appartienne.

— Tu crois cela, femme ; sachez donc que j'ai de quoi avoir château, laquais, voiture, de quoi enfin mener une vie de prince.

— En vérité, tu me surprends fort, Pierre. Mais comment as-tu donc gagné tout cela en aussi peu de temps, car il y a moins d'un an que nous étions pauvres comme Job après avoir vu notre boutique et notre ménage de Paris, saccagés et pillés par les patriotes.

— Je t'expliquerai cela un peu plus tard; pour le moment il s'agit de trouver un fermier qui consente à prendre notre ferme en fermage.

— Pourquoi ne pas la vendre puisque ton intention est de quitter le pays, même la France? demanda Madeleine.

— La vendre! pas si bête! pour qu'on me la paie en assignats, mauvais papier

bon tout au plus pour allumer sa pipe.
Allons donc! c'est de l'argent comptant
qu'il me faut, et comme nul n'en possède,
excepté moi, sous peine d'être guillotiné,
sous le règne de la glorieuse république
française, je louerai ma ferme mais je ne
la vendrai qu'à celui qui me l'achètera argent comptant, sonnant et ayant cours.

— Ma foi, tu feras bien, Pierre, dit Madeleine, laquelle ayant quitté le ton froid
qu'elle avait d'abord, était devenue rieuse
et causeuse.

— Allons, allons! je vois que tu n'es
pas fâchée d'apprendre que nous sommes
riches, que tu vas pouvoir faire la grande
dame à ton tour.

— Mieux encore, Pierre, que notre Georges, si Dieu nous le conserve sera riche aussi...

Landry ne répondit pas à ces derniers mots, mais une teinte sombre remplaça son sourire.

— Pierre, voyons, dis-moi où tu caches notre argent, que je puisse le voir aussi, le compter et me réjouir avec toi, car s'il faut dire franchement ma pensée, je crois que tu te gloses de moi un tantinet.

— Je ne t'ai dit que la vérité, Madeleine, quant à voir notre argent, rien de plus facile, mais seulement le jour où nous aurons quitté ce chien de pays.

— Je devine, Pierre, tu manques de

confiance envers ta femme, c'est mal, bien mal ! fit Madeleine d'un air boudeur.

— Dis plutôt que je suis un homme prudent qui veut rester maître de son trésor; te confier le secret de la cachette serait une imprudence, Madeleine, car si le hasard venait à ramener ton fils et ses sacripants de soldats dans ce village, tu ne manquerais certes pas de lui livrer mon secret et de lui bourrer les poches de mon argent... Attends, te dis-je, prends patience, avant huit jours nous serons partis d'ici, et alors je n'aurai plus rien de caché pour toi.

Madeleine essaya de nouveau de faire parler Landry, mais ce dernier, bien résolu de se taire lui tourna le dos, et quitta la salle pour aller visiter la ferme et se montrer à tous ses valets.

— Va, va! tu as beau faire le discret et vouloir agir de prudence, le bon Dieu qui ne protège ni les voleurs ni les meurtriers, permettera que tu te trahisses, que je te prenne cet argent pour le rendre à celui que tu as dépouillé.

Landry, je t'ai aimé tant que je t'ai cru un honnête homme, tant que je n'ai pas deviné la haine que tu portes à mon fils, mais maintenant, je te méprise comme on doit mépriser un voleur et un assassin. Ainsi, murmura Madeleine, l'honnête femme et la bonne mère, et cela tout en observant à travers un coin du rideau de la fenêtre les allées et venues de Landry, qu'elle venait d'apercevoir se dirigeant vers le grand clos, situé derrière les bâtiments de la ferme, lequel, ainsi que nous l'avons déjà dit, servait de jardin et de potager.

Madeleine, de son observatoire, vit son mari se diriger vers le grand bosquet d'arbres et y pénétrer, mais pour en sortir aussitôt, car il n'avait fallu qu'un instant à Landry pour s'assurer que sa cachette était intacte, que personne, durant l'absence qu'il venait de faire, n'avait pénétré dans le taillis.

Malheureusement rien n'est plus facile à se trahir qu'un amant ou un avare, l'un et l'autre toujours agité par la crainte de se voir enlever son bien, à force de roder autour, finissent par éveiller l'attention et se faire voler.

Il arriva donc à Landry qui plusieurs fois par jour, allait visiter l'endroit où reposait son âme, puisqu'il est reconnu que l'âme d'un avare est son trésor, que Madeleine ne le perdit pas de vue durant quatre jours, et qu'elle le vit se rendre au au même endroit, ce qui lui fit deviner que là devait être la cachette qu'elle désirait tant connaître. Ce doute ne tarda pas à devenir pour elle une certitude; s'étant un jour tenue cachée dans le taillis où elle avait vu Landry se rendre près d'un arbre et là écarter les grandes herbes qui cachaient la terre.

— Tout est bien intact, nul ne se doute et ce trésor est bien à moi, se mit à dire Landry en lachant les herbes qui se redressèrent d'elles-mêmes.

Maintenant, à nous deux, larron, car je sais ce que je voulais savoir, pensa Madeleine en laissant s'éloigner Landry.

Le soir de ce même jour, et comme dix heures sonnaient au clocher du village, un bruit de voix et d'armes attira l'attention des habitants de la ferme.

— Malédiction! fit alors Landry en lâchant sa fourchette, car il était alors en train de souper ; ce sont encore des bleus ou des blancs qui viennent nous tourmenter, exiger quelque corvée de notre part. Chien de pays! impossible d'y rester un instant en repos.

Tandis qu'il disait ainsi, la porte de la ferme était ébranlée par de violents coups de crosse de fusil.

— Maître, faut-il ouvrir? s'en vint tout effrayé demander un valet de charrue.

— J'y vais moi-même, répliqua Landry en se levant de table pour se rendre dans la cour une lanterne allumée à la main et aller ouvrir la porte charretière.

Cette fois, c'était une bande de Vendéens ayant un chef à sa tête, que Landry reconnut au mouchoir rouge dont il était coiffé,

— Soyez les bien venus, mes gars, à la ferme de Pierre Landry, un des bons serviteurs du roi, disait ce dernier d'un air affable et empressé, tandis que les chouans l'entouraient pour ensuite l'entraîner hors de la ferme; et malgré ses paroles, ses efforts, le conduire d'après l'ordre du chef sur la place de l'église, qui se trouvait encombrée de Vendéens, où le clair de lune lui fit apercevoir plusieurs chefs assis sur un banc et devant lesquels il fut conduit de force.

— Tu te nommes Pierre Landry? lui demanda l'un d'eux, celui qui paraissait être un chef supérieur.

— Oui, monseigneur.

— Tu es accusé de trahir la cause royale, de t'entendre avec les bleus et de leur servir de guide.

— C'est faux, car je suis un bon et zélé royaliste. S'il m'est arrivé de guider une fois ou deux les républicains à travers nos chemins, ce n'a été que contraint par la force, répondit Landry pâle et tout tremblant.

— Tu es accusé en plus d'avoir traîtreusement tiré sur le gars Jean Pitou, il y a de ça trois mois, un soir qu'il passait la Loire et sauvait la vie au marquis de Bussière que les bleus poursuivaient.

— C'est faux, fit Landry avec fermeté et audace.

— Tu es en outre accusé de t'être rendu, sous un nom supposé, acquéreur de biens du marquis de Bussière et d'avoir dénoncé, au commissaire de la Convention, la présence dudit marquis, lequel dangereusement blessé par toi sous la voûte du moulin des Revenants, fut porté à ta ferme par ton fils qui lui avait sauvé la vie en le tirant de la Loire dans laquelle il se noyait.

— Mensonge, archi-mensonge, que vous ont fait là, monseigneur, des gens qui m'en veulent, je ne sais trop pourquoi, car je n'ai jamais fait de mal à personne, je suis doux et innocent comme l'enfant qui vient de naître, reprit Landry d'un accent suppliant et les mains jointes.

— Ça, mauvais gars, osera-tu nier en ma présence les crimes dont je t'accuse, moi Jean Pitou que tu crois avoir tué et noyé dans la Loire; moi que tu n'as fait que blesser, mais pas assez grièvement pour que je ne puisse en revenir, moi, qui depuis trois mois me suis attaché à tes pas, t'ai espionné, tenu à deux doigts de mon fusil; réponds, Pierre Landry, ai-je menti à mes seigneurs, à mes frères, en te dénonçant comme un traître, un assassin, et le plus coquin des hommes.

— Oui, tu as menti et tu mens encore en ce moment, Jean Pitou, si tu m'accuses ce n'est que pour te venger de ce que je n'ai pas voulu de toi à ma ferme en qualité de valet. Tu m'accuses d'avoir tiré sur toi lorque le coup est parti de la main d'un bleu ; tu m'accuses d'avoir dénoncé le marquis de Bussière, lorsque bien au contraire, je le cachais et le faisais soigner chez moi par Madeleine ma femme...

— Ta femme est une bonne âme, une zélée royaliste, qui a soustrait le marquis de Bussière aux effets funestes de ta lâche dénonciation en allant le cacher dans le caveau du moulin des Revenants, d'où mes compagnons et moi l'avons retiré pour le transporter aux avant-postes de l'armée royaliste, fit Jean Pitou avec assurance.

— Tu es un infâme, Jean! s'écria Landry avec colère.

— Pierre Landry, nous te reconnaissons coupable sur tous les points de l'accusation portée contre toi, et nous te condamnons à la mort des traîtres, dit le chef supérieur; à ces mots, Landry de tomber à genoux et les mains jointes, d'implorer sa grâce tout en affirmant son innocence.

Peine inutile, car relevé de force par des bras vigoureux, il fut aussitôt garrotté et entraîné au pied d'un grand ormeau où, on lui passa une corde autour du cou pour être pendu sans miséricorde, ce qui fut fait en peu d'instants, et à la satisfaction générale des Vendéens présents à cette juste exécution.

III

Lorsque les Vendéens eurent surpris les deux amants dans le bois où Georges avait été contraint de s'arrêter pour secourir Hélène, un bonheur miraculeux avait voulu que le corps sanglant du jeune officier, après avoir été jeté dans le ruisseau, fut reçu et soutenu au-dessus de l'eau par une épaisse touffe de roseaux, sans le secours de laquelle il était infailliblement noyé, car Georges, quoiqu'ayant été grièvement blessé n'était pas mort, mais seulement évanoui.

Ce ne fut donc qu'après être resté deux grandes heures sans connaissance que la fraîcheur de l'eau qui coulait sous lui, le rappela à la vie et lui fit ouvrir les yeux.

Alors le jour commençait à poindre, à colorer la cîme des arbres. Georges, revenu à la vie, ressentit aussitôt la vive douleur que lui occasionnait la blessure que la balle lui avait faite au côté droit, mais en dépit de la souffrance qui le torturait, la première pensée du jeune homme fut pour Hélène, pour se demander ce qu'elle pouvait être devenue, et en quel lieu les Vendéens devaient l'avoir conduite.

Georges essaya de faire un mouvement afin de sortir du ruisseau dans lequel, depuis qu'il remuait, il sentait son corps s'enfoncer peu à peu, mais le sang qu'il avait perdu en abondance l'avait tellement affaibli que ses mains avaient à peine la force de saisir les herbes qui bordaient le bord du ruisseau, herbes au moyen desquelles il espérait se tirer de l'eau et atteindre la rive.

— Hélas! me faudra-t-il mourir seul ici? s'écria le jeune homme de l'accent du désespoir.

— Qui donc parlions là? fit une voix aigre et chevrotante.

— Moi, un malheureux blessé qui va se noyer si vous ne venez à son secours, répondit vivement Georges, qui vit alors apparaître une vieille paysanne tenant une serpe à la main et une botte d'herbes sous le bras, de laquelle la surprise fut grande d'apercevoir un homme presque nu et tout couvert de sang, enfoncé dans une touffe de roseaux.

— Vous étions blessé ?

— Oui, ma bonne dame.

— Est-ce t'y que vous étions soldat ?

— Oui.

— Blanc ou bleu ?

— Blanc, répondit hardiment Georges, qui sentait que son salut dépendait de cette couleur.

— Alors c'étions différent, j'allons vous aider à sortir de là où j'laisserions se noyer tous les bleus, quand ben même il ne s'agirions qu'leur tendre un chalumeau d'paille pour les sauver ; mais du moment q'vous étions un des nôtres, le bon Dieu m'ordonnons d'vous sauver la vie.

Tout en disant ainsi, la vieille qui avait saisi Georges par le bras, l'attirait sur le bord où elle l'installa sur l'herbe.

— Merci, ma chère bienfaitrice... Maintenant n'auriez vous un linge à me donner pour bander cette maudite blessure que m'a faite un bleu et qui me fait souffrir en diable !

— J'avons ça dans ma cabane où j'allons vous conduire : en attendant contentez-vous de mon tablier afin d'empêcher vot sang de couler aussi fort... Là ! maintenant, essayez de vous tenir sur vos jambes...

Pas moyen...

Alors j'allons vous emporter sur mon dos... Passez votre bras autour de mon cou... N'ayez pas peur, j'somme encore forte quoique vieille.

George fit ce que la femme lui conseillait, c'est à dire qu'il se coucha sur son dos en la tenant par le cou, puis elle se mit à marcher péniblement en traînant tant bien que mal son fardeau dont les pieds rabotaient la terre.

Un bon quart d'heure de marche, durant lequel la bonne vieille essoufflée s'arrêta au moins une dizaine de fois pour reprendre haleine, puis elle atteignit enfin sa chaumière, véritable masure située sur la lisière du bois, dans laquelle elle introduisit Georges qu'elle étendit sur un lit de feuilles sèches, et lui conseilla de dormir un peu s'il s'en sentait le besoin, invitation à laquelle se rendit Georges d'autant qu'il se sentait brisé de fatigue et d'une faiblesse extrême.

Le malheur avait voulut que notre jeune officier fut secouru par une vieille Vendéenne et enragée royaliste, qui depuis le commencement de la guerre servait d'espion aux chouans, que ses deux fils fissent partie de l'armée royale, et que sa chaumière servît de point de ralliement aux Vendéens, lorsqu'un combat ou un échec malheureux les forçaient de se disperser dans la campagne ou dans les bois.

Georges dormait encore que la nuit commençait à étendre ses voiles sombres sur la terre; auprès de lui se tenait la vieille Vendéenne, occupée à filer du chanvre, lorsqu'un petit coup frappé sur la porte de la chaumière la fit se lever pour aller ouvrir, mais non sans avoir auparavant examiné à travers une fente la physionomie du visiteur.

— Oh! c'est vous enfant, la journée a-t-elle été bonne?... Ça, combien avez-vous descendus de bleus depis a ce matin? demanda-t-elle à une douzaine de paysans armés qui venaient se réfugier chez elle afin de s'y reposer quelques heures.

— Trois, pas davantage, mère Guillot.

— Hum! ce n'étions guère çà, mes enfants, reprit cette dernière en branlant la tête en signe de mécontentement.

Et encore, nous a-t-il fallu, pour faire ce bel abatis, passer près de six heures dans le champ de chenevis où nous étions blottis.

— Mère Guillot, qu'est-ce que celui-là, qui ronfle sur c'te fougère ? interrogea un des chouans qui venait d'apercevoir Georges.

— C'ti là est un des nôtres que les bleus ont blessé et jeté dans le ruisseau du bois ousque j'l'avons répêché ce matin.

— De quelle commune est-il ? comment se nomme-t-il ?

— J'n'en savons pas tant qu'çà ; le pauvre diable étions mourant, j'navons pas eu l'courage de lui faire des questions ; il suffit qu'il se disions des nôtres pour que j'le secourions.

— Et ses habits?...

— Volés par ces coquins de républicains, répondit la vieille.

— C'est bien sûr qui soyons des nôtes ? fit un des paysans tout en se penchant pour mieux examiner la figure de Georges, et reprendre ensuite en riant : ça c'étions un bleu et un chef encore, mère Guillot.

— Tu ne savons c'que tu dis, Jean Pitou, j'sommes sûre q'c'étions un blanc.

— Et moi, j'vous dis c'étions un bleu, un des plus mortels ennemis de Dieu et du roi, qui plus est le fils du fermier Landry l'espion, le tueur de gentilshommes que nous avons pendu dernièrement au grand orme du village de Bussière.

— Alors, comme il avons menti et qu'il étions un ennemi du bon Dieu, tuez-le sans miséricorde, mes enfants, dit la vieille avec haine et colère.

Et déjà les chouans armaient leurs fusils pour suivre le conseil de la mère Guillot, lorsque Jean Pitou s'y opposa en sa plaçant entre eux et Georges.

—Amis, ce n'estions pas pour sauver la

vie à çe payen que j'vous engageons à m'écouter, ben l'contraire, car j'ne serons nullement fâché d'lui envoyer du plomb dans la cervelle, ainsi qu'mosieu son père avons fait traitreusement à mon égard un soir, que, pour le sauver des bleus qui le poursuivions, j'passais l'marquis de Bussière, not seigneur, dans mon bachelet; mais ce bleu était un officier, et comme not commandant, mosieu le comte de Vaudreuil, accordons une récompense à ceux qui faisons un chef de bleus prisonnier, il m'étions d'avis que j'férions ben de conduire c'ti là au quartier général du comte et de le l'y livrer pieds et poings liés; qu'en disez-vous?

— Que t'as ma fine raison, Jean Pitou, ainsi donc à l'ouvrage.

— Surtout, attachez bien l'y, mes enfants, afin qu'ce brigand là ne vous échappions pas en route, recommanda la vieille.

— J'allons l'ficeller dessus vot' anon, mère Guillot, de c'te façon il ne s'en sauvera pas, j'vous en répondons, dit un Vendéen.

La chose étant ainsi décidée, les paysans se ruèrent sur le malheureux Georges, qui, dévoré par la fièvre, affaibli par le sang qu'il avait perdu, n'eut la force que d'ouvrir la paupière et d'exhaler un douloureux soupir ; Georges, qui se laissa enlever de dessus sa couche pour être brutalement transporté hors de la chaumière, puis fortement lié sur un âne.

— En route et surtout en silence, fit Jean Pitou. Alors la bande se mit en marche malgré l'obscurité et à travers bois, par des sentiers étroits, raboteux, dont les branches d'arbres fouettaient impitoyablement le visage du prisonnier, dont le trot de l'âne, en secouant son corps, lui occasionnait des douleurs tellement violentes qu'il en perdit connaissance.

Quatre heures de cette course mortelle et un qui-vive fortement accentué, par une sentinelle avancée, annonça à nos gars qu'ils avaient atteint le but de leur course.

Le jour qui commençait à poindre, éclairait la campagne qui se perdait dans les vapeurs bleuâtres du brouillard.

— Dieu et le roi, répondirent les Vendéens à ce qui-vive, puis ils reprirent leur marche interrompue un instant et pénétrèrent dans le quartier-général qui n'était autre qu'un mauvais bivouac, au milieu duquel se trouvait placée en guise de tente, une espèce de cabane faite avec des branches d'arbres et de la paille, tout cela placé au milieu d'un sîte sauvage, entouré de bois et de roches.

De cinq à six cents Vendéens formaient tout l'effectif de ce camp au milieu duquel s'élevait orgueilleusement un drapeau blanc fleurdelysé, et appuyé sur la paroi d'un rocher se dressait un autel semblable à ces reposoirs de campagne un jour de Fête-Dieu.

Jean Pitou, le chef et l'orateur de la bande, fut aussitôt conduit devant le comte de Vaudreuil, lequel écrivait sur ses genoux assis sur une botte de fougère.

Ce seigneur, coiffé d'un mouchoir rouge, avait les épaules couvertes d'un grand manteau de drap bleu, une large ceinture de cuir nouée autour de sa taille, soutenait une paire de pistolets d'arçon; un sabre de cavalerie pendait à son côté.

— Que me veux-tu; fit-il après avoir levé la tête et en s'adressant à Jean Pitou, qui se tenait respectueusement devant lui la tête découverte.

— Monseigneur, j'vous amenons un

officier républicain qu'j'vons fait prisonnier, et qui n'est autre que le fils de Pierre Landry, le traître, l'espion des bleus et le ci-devant fermier de la ferme de Bussière, que par ordre supérieur nous avons pendu sans merci !

— Amène-moi ce prisonnier, dit d'un ton rude le comte de Vaudreuil.

— Sauf votre respect, monseigneur, cela me serions impossible, vu qu'il ne peut se tenir sur ses jambes étant blessé et à moitié mort.

— Comment l'avez-vous donc amené jusqu'ici alors ?...

— Sur l'âne de la mère Guillot.

— Quel âge a cet homme?

— De vingt à ving-trois ans.

— Ah, ah! un jeune loup bon à abattre... Il sera fusillé.

— Monseigneur, veut-il que nous lui fassions tout de suite son affaire?...

— Tu dis qu'il est à moitié mort?

— Oui, monseigneur.

— Il faut lui accorder un sursis afin qu'il reprenne assez de force pour pouvoir se confesser avant de mourir; lui donner au moins le temps et le moyen de sauver son âme.

— Vous êtes trop indulgent, monseigneur ; moi, à votre place, je laisserais ce chien aller tout droit en enfer rejoindre ses pareils.

— Ce serait agir en mauvais chrétien et se rendre responsable devant Dieu de la damnation de cet homme.

— Mais, monseigneur, si la balle qui l'avons frappé lui avait donné la mort, celui qui la lui avons adressé serions donc responsable de sa damnation, demanda Jean Pitou.

— Non, parce qu'il est permis en guerre de tuer l'ennemi qui se bat contre vous, dont la chance est égale à la nôtre, mais un ennemi désarmé, qui est en notre puissance, nous devons compte au ciel de son salut...

— Alors, qu'allons nous faire de ce bleu en attendant qu'il soyons en état de se confesser ?

— A défaut d'endroit où vous puissiez l'enfermer, tenez-le garotté de façon qu'il ne puisse s'échapper.

— Mais, monseigneur, s'il arrivions que les bleus viennent nous attaquer, ou que nous soyons forcés de changer de campement ? observa Jean Pitou.

— Alors, comme il y aurait urgence d'en finir avec ce prisonnier, sa mort ne nous serait pas comptée là haut comme un péché...

Jean Pitou, ainsi convaincu, quitta la cabane.

Tandis qu'il causait avec le comte de Vaudreuil, le camp s'était augmenté d'une centaine de chouans, lesquels revenaient d'une longue tournée dans la plaine, où les avait conduit un jeune chef Vendéen, armé de pied en cap, dans lequel Jean Pitou, en l'examinant reconnut avec surprise la fille du comte de Vaudreuil, charmante enfant de vingt ans à peine, d'un caractère hardi, pétulant, qui, orpheline de mère, avait voulu partager les dangers et les fatigues de son père en se faisant soldat en faveur de la cause royale.

Jeune tête extravagante et fanatisée, qui avait oublié la faiblesse de son sexe et quitté la quenouille pour saisir le fusil que maniait avec efforts ses mains fines et délicates.

Au moment ou Jean Pitou arrivait près de Charlotte de Vaudreuil, la jeune amazone, qui s'était approchée du prisonnier, dont on venait de lui annoncer la présence au bivouac, fixait en silence un regard surpris et attentif sur le visage pâle de ce dernier, visage empreint de l'expression de la plus vive souffrance et de la résignation.

Charlotte de Vaudreuil fit de la main un signe imposant devant lequel tous les Vendéens qui l'entouraient, s'éloignèrent respectueusement; puis étant restée seule auprès de Georges, la jeune fille se pencha sur lui pour lui dire ces mots :

— Etes-vous en état de m'entendre, monsieur?

— Oui, murmura faiblement Georges.

— Votre visage ne m'est point inconnu... Ne pouvez-vous ouvrir les yeux, me regarder et me dire si, de même mes traits vous sont connus?

Georges souleva péniblement sa paupière et fixa sur la jeune fille un regard languissant et fiévreux, puis après avoir un instant contemplé cette tête charmante que coiffait un simple mouchoir duquel s'échappaient de longues boucles de longs cheveux ; oui, je vous reconnais, balbutia-t-il.

— Où pouvez-vous m'avoir vu, monsieur ?

Et comme le jeune homme tardait à répondre :

— Cherchez bien dans votre souvenir, car moi je crois vous reconnaître maintenant et ne pas me tromper.

— A la Bastille, mademoiselle, répondit enfin Georges.

— Oh ! c'est cela même ! oui, vous êtes le courageux jeune homme qui m'a sauvé la vie, arraché des mains d'une foule d'hommes en fureur qui, me prenant pour la fille de M. Delaunay, gouverneur de la forteresse, voulurent me brûler vive... Monsieur, je rends grâce au ciel qui vous rend à ma vive reconnaissance. Service pour service! vous m'avez sauvé la vie, je veux sauver la vôtre, fit Charlotte de Vaudreuil avec joie en pressant la main de Georges, puis se relevant vivement, elle se rendit auprès de son père.

— Ah! te voilà de retour, mon petit démon? Ça, as-tu guerroyé cette nuit tout à ton aise, ma fille héroïne?

— Mon père, j'ai fait de mon mieux, et en récompense je viens vous demander une grâce...

— De quoi s'agit-il, chère fille? quelle est cette grâce?

— Celle de l'officier républicain qui est ici prisonnier.

Non, parbleu! le fils d'un espion des bleus! d'un traître! je suis désolé de te refuser, Charlotte, mais le fils paiera pour le père et sera bel et bien pendu demain, si ce n'est aujourd'hui.

— Vous ne ferez pas cela, mon père, car c'est à ce jeune homme que vous devez de pouvoir embrasser votre fille, c'est lui que lors de la prise de la Bastille m'a sauvé la vie aux dépens de la sienne.

— Il se pourrait? fit le comte avec surprise.

— C'est la vérité, mon père, c'est bien mon noble libérateur que je viens de retrouver blessé et souffrant, couché sur la terre, privé de tout soin, de tout secours, ce qui est affreux et me désespère.

— Allons, calme-toi, enfant, je vais donner des ordres; on va s'occuper de ce jeune homme.

Non, il ne sera pas dit que celui auquel je suis redevable de la vie de ma fille chérie périra sans que j'aie tout fait pour le sauver.

Cela dit, le comte sortit de sa cahute, fit battre un rappel pour rassembler ses hommes.

— Amis, leur dit-il, je révoque l'arrêt

de mort que j'ai prononcé contre le prisonnier.

Ici un murmure désapprobateur s'échappa de toutes les bouches.

— Vous avez beau murmurer, mes amis, le prisonnier vivra, et vous allez tous approuver ma clémence, en apprenant que ce jeune homme a sauvé la vie de ma fille aux dépends de la sienne...

Enfants, serez-vous assez injustes, cruels, oserai-je dire, pour tuer celui à qui vous êtes redevable de voir et d'aimer Charlotte de Vaudreuil, cette courageuse fille qui, oubliant la faiblesse de son sexe, combat avec nous, partage nos dangers, et vous a souvent conduit à la victoire ?

— Qu'il vive et soit libre, s'écrièrent les Vendéens d'une seule voix.

— Merci, mes camarades, de votre générosité, je n'attendais pas moins, fit Charlotte.

Mais la générosité de ce jeune homme ne se borna pas à m'arracher des mains des furieux qui voulaient me jeter dans un ardent brasier; il me fit sortir de la Bastille et me conduisit dans une honorable famille où, sur ses recommandations, je fus traitée comme un enfant de la maison, comblée de soins et d'égards jusqu'au jour où il me fut possible de rejoindre mon père qui pleurait ma mort.

Amis, bienfait pour bienfait; aidez-moi

donc à donner à mon sauveur les soins pressants qu'exige sa position, à le faire transporter au château voisin dont nous sommes encore maîtres.

— Oui, oui! firent les Vendéens, dont la belle Charlotte remercia le dévouement par un doux sourire.

Le comte se dirigea vers l'endroit où gisait Georges, sur lequel il se pencha pour lui prendre la main et la lui presser avec reconnaissance, ensuite pour donner l'ordre d'atteler une voiture dans laquelle fut transporté le blessé, auprès de qui se plaça Charlotte, et que Jean Pitou, en qualité de charretier se chargea de conduire; et le véhicule se mit doucement en route par les meilleurs chemins, escorté par une cinquantaine de Vendéens.

Deux heures de marche lente qu'exigeait l'état de faiblesse auquel se trouvait réduit Georges, et l'on atteignit le but vers lequel on se rendait.

C'était un château de construction gothique et du moyen-âge, dont une partie n'offrait que des ruines inhabitables, ce qu'il y avait de mieux était que ce reste de manoir féodal reposait dans une contrée où les républicains n'avaient encore osé poser le pied, tant elle était sauvage, touffue et d'un difficile abord.

Ce fut dans la partie habitable de cette demeure, qui servait de refuge et d'hôpital aux Vendéens blessés, ainsi qu'à ceux dont les chaumières avaient été détruites par le fer ou le feu, que Charlotte installa Georges, où un médecin mandé par elle se présenta et reçut la recommandation expresse de donner ses soins au jeune blessé, auquel une saignée abondante, en le débarrassant du sang qui oppressait sa poitrine, rendit la respiration et la vie.

IV

Depuis sept semaines que Georges habitait le château que nous venons de décrire, depuis que les soins les plus attentifs lui étaient prodigués par des femmes placées près de lui pour le servir et auxquelles Charlotte de Vaudreuil venait souvent se joindre, la santé du jeune homme revenait à vue d'œil et ses plaies s'étaient entièrement cicatrisées.

Georges, que la société des Vendéens, qui habitaient le même toit que lui, aurait sans doute contrarié, avait été logé dans une chambre isolée située au rez-de-chaussée, de laquelle il lui était facile de se rendre dans le parc pour s'y promener sans être exposé à faire de mauvaises rencontres.

Lors de ces promenades qu'avait recommandé le médecin et que notre jeune officier avait coutume de faire chaque matin, souvent un jeune et joli guide soutenait ses pas encore chancelants. C'était Charlotte qui, pour acquitter sa dette de reconnaissance, négligeait tant soit peu la carrière aventureuse à laquelle elle s'était vouée. Charlotte enfin, qui était redevenue femme pour se consacrer à son sauveur, pour lui rendre la vie et la santé.

Un matin que la jolie amazone se trouvait assise à côté de Georges sur un tertre de gazon et qu'elle tenait fort amicalement la main de ce dernier dans la sienne :

— Georges, lui dit-elle de sa voix la plus douce, bientôt vous serez en état de me quitter, de rejoindre vos frères d'armes; est-ce qu'il ne vous en coûte pas de redevenir mon ennemi après avoir été amis comme nous le sommes aujourd'hui?

— Moi, votre ennemi, mademoiselle, dites-vous! est-ce que je puis jamais être celui de l'ange qui m'a pris en pitié et rendu à la vie? est-ce que ces jours dont je lui suis redevable ne seront pas consacrés par moi à la bénir, à me rappeler sa charmante image.

— Georges, vous oubliez sans doute que vous êtes un soldat républicain, et que je suis celui de la cause de Dieu et du roi?

— Je le sais, mademoiselle, et cette pensée m'attriste.

— Georges, il est cependant un moyen bien facile d'aplanir l'obstacle qui s'élève entre nous et sans lequel nous serions frères, reprit Charlotte.

— Dites, je vous écoute, et s'il dépend de ma volonté d'aplanir cet obstacle, j'y souscris de grand cœur.

— Eh bien, mon ami, renoncez à servir une cause impie et sanglante, et unissez-vous à nous pour servir l'autel et le trône.

— Vous m'offrez le parjure, de trahir la république en faveur de ces nobles orgueilleux dont les efforts ne tendent qu'à river de nouveau les chaînes dont ils ont accablé le peuple si longtemps.

Ah ! je ne commetterai jamais une pareille lâcheté. Demandez-moi ma vie, mademoiselle, exigez de mon cœur le sacrifice de toutes mes félicités à venir, mais au nom du ciel, estimez-moi assez pour me croire incapable de trahir la cause à laquelle depuis trois ans, moi pauvre enfant du peuple, je consacre ma vie à verser mon sang.

Mademoiselle, si j'acceptais ce que vous me proposez, vous cesseriez de m'estimer et me mépriseriez, car tel est le seul sentiment que puisse inspirer un lâche, un transfuge à une belle âme comme la vôtre.

— Georges, je comprends vos scrupules,

votre enthousiasme pour cette liberté que vous font espérer les tyrans sanguinaires, qui gouvernent aujourd'hui la France après avoir assassiné son roi, mais croyez-le, mon ami, cette liberté qu'on vous fait entrevoir, n'est qu'un fantôme qui ne se réalisera jamais ?

Georges, croyez-moi, cessez de poursuivre une chimère; ralliez-vous à la cause juste et honorable pour laquelle tout Vendéen craignant Dieu, se voue de corps et d'âme, et au nom du souverain légitime auquel nous allons rendre le trône de ses pères, je vous promets honneurs dignités et fortune.

— Belle Charlotte, vous êtes, je vous

jure, un adorable tentateur, aux séductions duquel il faut pour résister toute la vertu d'un Dieu, aussi est-ce à mon aide que j'appelle en ce moment celui de la liberté, celui de la France libre, régénérée, glorieuse, de ce génie enfin qui me donne la force de vous dire ; charmante Circé, que je veux vivre et mourir pour l'indépendance de notre mère commune, pour cette France chérie où renaîtront la paix et le bonheur, répliqua Georges souriant, en portant à ses lèvres la jolie main de mademoiselle de Vaudreuil.

— A quoi bon, cette caresse amicale, faite à un ennemi, avec lequel vous vous rencontrerez peut-être bientôt sur un champ de bataille ?

— Dieu me préserve jamais d'un pareil malheur! s'écria Georges.

— Vous citez le nom de Dieu avec une facilité qui me surprend fort dans votre bouche ; vous oubliez donc, monsieur le citoyen, que vous autres républicains, vous avez réformé ce Dieu que vous appelez en témoignage ? fit la jeune fille en accompagnant ces mots d'un sourire malin.

— S'il est des êtres assez fous pour avoir osé commettre une semblable impiété, gardez-vous, mademoiselle, de me compter dans le nombre, car je suis et serai toujours un bon chrétien, aimant et craignant Dieu. Quant à croire au retour du passé, à celui du droit divin accordé aux rois de la terre, à l'absolutisme des nobles, au servage du peuple français, ou le triomphe de la cause pour laquelle lutte aujourd'hui la Vendée, ne l'espérez pas, ne l'espérez pas !

— Nous triompherons, monsieur, car nous avons, nous autres, Vendéens, toute l'Europe en armes pour seconder nos efforts, reprit fièrement Charlotte.

— Les armées étrangères seront écrasées par les soldats de la République, qui déjà triomphent sur tous les points.

— Georges, vous êtes un entêté, un fanatique et je désespère que nous soyons longtemps amis.

— Et vous un ange en révolte contre le bon sens, une petite et adorable aristocrate fort entichée de ses droits seigneuriaux et qui ne veut en démordre... Charlotte, mon sauveur, mon amie, vous que le ciel s'est plu à douer de toutes les plus précieuses qualités de l'âme et du corps. Oh ! croyez-moi, ouvrez les yeux à la lumière et vous verrez venir pour la France l'ère de la véritable indépendance, celle de la gloire, de la prospérité et du bonheur des peuples, car notre glorieuse révolution ne peut que donner l'exemple au monde entier, et d'un pôle à l'autre retentira ce cri si cher aux esclaves : liberté ! liberté !

— Est-ce donc en versant le sang de ses

rois, de ses princes, est-ce donc en s'égorgeant entre eux ainsi qu'ils le font aujourd'hui, que les Français prétendent rallier le monde entier à leur cause? fit Charlotte avec colère.

— Je comprends, reprit Georges, que cette soif d'égalité qui dévore la nation française ait enfanté des actions barbares, mais si elle a fait éclater des haines profondes et réveillé la soif de la vengeance, combien aussi a-t-elle fait éclater d'héroïques dévoûments? Ah! c'est une grande époque que celle où nous vivons, malheureuse et vindicative tout à la fois, sublime et énergique tout à la fois! Mais vous, pauvres aristocrates, que de fautes n'avez-vous pas commises en abandonnant votre roi pour courir sur la terre étrangère mettre votre vie en sûreté, au lieu de lui faire un rempart de vos corps et de vos épées, alors vous lui eussiez peut-être prouvé la loyauté de ce grand dévoûment dont vous faites aujourd'hui parade, vous l'eussiez peut-être arraché à ce terrible et sanglant holocauste, que de sévères républicains crurent nécessaire pour sauver la France.

Georges, disait ainsi, lorsqu'il fut interrompu par une paysanne qui accourait toute essoufflée et tremblante, la frayeur empreinte sur les traits pour apprendre aux deux jeunes gens qu'on venait, des fenêtres du château, d'apercevoir des bleus qui parcouraient la campagne et qu'en ce moment une bande de ces payens se dirigeaient vers le château.

— Quoi ils ont osé mettre le pied dans ce canton? s'écria Charlotte devenue pâle de colère, après s'être levée vivement.

— Sainte mère de Dieu! ils vont nous massacrer tous! reprit la paysanne en levant les yeux et les mains au ciel.

— Mademoiselle, vous croyant ici à l'abri du danger, vous vous êtes imprudemment éloignée de votre père, mais il vous faut réparer au plus vite cette faute en quittant ce château, en fuyant de toute la vitesse des jambes de votre meilleur cheval. Hâtez-vous, et croyez-moi! fit Georges inquiet et tout en se dirigeant avec Charlotte vers le château, afin de pouvoir, du haut d'une fenêtre, juger de la marche des bleus et de l'imminence du danger.

En effet, il était pressant, car les deux jeunes gens, à la faveur d'une longue-vue, distinguèrent au loin les républicains qui formant un réseau compacte, s'avançaient de leur côté en fouillant les haies, les charmilles, en écrasant les moissons sous leurs pieds, en incendiant les chaumières.

— Malheur! malheur! s'écria Charlotte désespérée tout en se frappant le sein.

— Fuyez, mademoiselle, je vous en conjure, fit Georges avec un accent suppliant.

— J'y consens, si vous-même consentez à me suivre, répondit la jeune fille.

— Hélas! le dois-je et le puis-je? au nom du ciel, mademoiselle, veuillez observer que faible et me soutenant à peine, en l'impossibilité de me tenir sur un cheval, je ne ferai que d'embarrasser, que de retarder votre fuite... Partez, vous dis-je, et que Dieu vous protège.

Charlotte, que semblait retenir près de Georges un sentiment plus fort que celui de l'amitié, refusait encore de s'éloigner, malgré les vives instances du jeune homme, lorsque la chambre dans laquelle ils étaient tous deux fut instantanément envahie par un groupe de Vendéens qui battaient en retraite devant les bleus, et sachant Charlotte au château, venaient prendre ses ordres.

— Frères et amis, dit-elle, nous allons nous éloigner sans honte, car il y aurait folie de vouloir résister à un ennemi aussi nombreux. C'est en tournant la montagne, en nous jetant ensuite dans les bois, que nous allons essayer de rejoindre l'armée royale campée à trois lieues d'ici. Frères, ce jeune homme est notre prisonnier, vous le savez tous, ajouta-t-elle en indiquant Georges, j'exige donc qu'il s'éloigne avec vous et je vous ordonne de veiller à ce qu'il ne vous échappe pas, tout en ne cessant d'avoir pour lui les plus grands égards... Partons, frère, partons !

— Charlotte, voulez-vous donc ma mort, qu'il vous plaît de me livrer à des ennemis implacables, dont le premier acte, lorsqu'ils m'auront en leur pouvoir, sera de me fusiller... dit Georges.

— Vous ne devez rien craindre, lorsque Charlotte de Vaudreuil vous protège, monsieur, répondit cette dernière d'un ton ferme et sévère.

— La haine des royalistes l'emportera sur votre volonté, n'importe, faites, mademoiselle, car étant votre prisonnier, vous êtes maîtresse de disposer de ma vie ; cependant, vous me permettrez de vous dire, qu'un jour, le marquis de Bussière tomba aussi en mon pouvoir; comme moi, il était blessé, faible, souffrant, ainsi que vous l'avez fait à mon égard, je le déposais en un lieu sûr, où ma mère veillait sur lui, et lui prodiguait les soins que vous me prodiguez, mais pour mon prisonnier vint l'heure du danger, car les républicains envahirent le village et la ferme où reposait le marquis, ces soldats avaient à leur tête un homme implacable, un envoyé de la Convention. Ce fut alors que, prévoyant le danger dont un pareil voisinage menaçait le noble marquis, je lui procurai le moyen de fuir, que ma mère et moi, aidés par un de mes frères d'armes, nous conduisîmes le marquis dans un endroit où il n'avait plus rien à redouter de la part de ses ennemis, de ce conventionnel qui l'eût fait fusiller sans retard ni pitié. C'est ainsi, mademoiselle, que je comprends l'humanité, qu'en sa faveur j'impose silence à mes haines politiques. J'ai dit et maintenant je suis à vos ordres, termina Georges.

— Hélas! combien vous me comprenez peu, monsieur... Restez donc puisque tel est votre désir... Adieu Georges, et si nous ne devons plus nous revoir, souvenez-vous quelquefois de Charlotte de Vaudreuil.

La jeune fille dans les yeux de laquelle roulaient d'abondantes larmes, tendit la main à Georges, puis elle s'éloigna d'un pas rapide suivie de ses Vendéens, sans vouloir plus entendre le jeune officier.

Georges, que les émotions qu'il venait d'endurer avaient fort affaibli, étant resté seul se laissa tomber triste et pensif sur un lit où la fièvre tarda peu à s'emparer de lui et de fermer sa paupière.

A son réveil, combien fut grande la surprise de notre officier en reconnaissant son cher Coquardeau dans le sergent qui guettait son réveil, assis au chevet de son lit. Georges, fit un effort pour tendre sa main à son ami.

— Chut! ne bougeons et ne parlons pas, telle est l'ordonnance du chirurgien-major. Qu'il vous suffise, mon officier, de savoir que la surprise et la joie des camarades a été grande en vous retrouvant, vous que nous croyions mort, dans ce vieux château, au moment où nous nous disposions à y mettre le feu, d'après l'ordre de ce dur à cuire de Conventionnel, qui ne nous a pas quittés d'un seul instant depuis notre départ précipité de la ferme de votre mère.

— Coquardeau, qu'a-t-on fait de ces Vendéens qui se trouvaient dans ce château? s'informa Georges, afin de s'assurer si Charlotte avait eu le temps de fuir.

— Nous n'y avons trouvé autre être vivant que vous et une vieille paysanne, qui, nous a-t-elle dit, est restée pour vous soigner; aussi l'avons-nous prise sous notre protection spéciale, cette bonne vieille. Quant à messieurs les chouans qui vous tenaient ici compagnie, ils seraient bien malins si nous ne les pincions pas, vu que par le mouvement stratégique commandé par nos chefs, ce vieux château se trouve être enveloppé par nous, de toutes parts, à plus d'une lieue à la ronde.

— Hélas! elle est perdue! soupira Georges en pensant à Charlotte.

— Qui, perdue? demanda le sergent.

— Charlotte de Vaudreuil, l'ange qui m'a deux fois rendu la vie.

— Diable! diable! fit Coquardeau en se

grattant l'oreille, comment faire pour éviter que cette femme ne tombe entre nos mains?...

— Et ne pouvoir se remuer ni courir à son secours! s'écria Georges avec regret et douleur.

— Au surplus, ce n'est qu'une femme, et la seule chance qu'elle puisse encourir est d'être faite prisonnière, dit Coquardeau d'un air fort insouciant.

V

Charlotte, ainsi que ses compagnons, qui étaient au nombre de vingt, après avoir quitté le château, s'étaient dirigés d'un pas rapide du côté des bois, qu'ils espéraient atteindre, sans avoir rencontré les bleus, ni même aperçu de ces derniers.

Cette chance pouvait être celle de Charlotte ; car, montée sur un cheval vigoureux, il lui était facile de franchir l'espace avec la rapidité de l'éclair ; mais comme il répugnait à la jeune fille d'abandonner ses compagnons au moment où un danger sérieux les menaçait, Charlotte réglait l'allure de son cheval au pas des pauvres piétons, dont elle se contentait de hâter la marche de la voix et du geste.

— Les bleus ! là-bas... ils nous ont aperçus ! s'écria un vendéen en indiquant dans la plaine plusieurs détachements de républicains marchant en éclaireurs, fouillant les champs de blé, de chanvre, les buissons, les haies, et tellement épars dans la campagne qu'il était impossible d'avancer plus avant sans courir le risque de tomber entre leurs mains.

Charlotte, du premier coup-d'œil, ayant apprécié le danger, sauta en bas de son cheval, qu'elle abandonna ; puis s'adressant à ses compagnons :

— Frères, leur dit-elle, dispersons-nous, et que chacun cherche un refuge qui puisse le soustraire aux recherches de l'ennemi qui vient à nous. Frères, que Dieu nous protége !

Et comme les paysans refusaient de se séparer d'elle, sous le prétexte qu'ils voulaient tous se faire tuer en combattant pour sa défense :

— Mes amis, point de bravade inutile :

nous ne sommes qu'une vingtaine et ils sont mille pour nous accabler, nous massacrer. Croyez-moi, essayons de nous soustraire à leurs recherches en nous dispersant, en rampant sur la terre à travers les hautes herbes, toujours en nous dirigeant vers les bois, où seront en sûreté ceux qui auront été assez heureux pour les atteindre... Amis, obéissez ! je le veux ! prononça la jeune fille d'une voix ferme et impérative.

Forcés d'obéir, les Vendéens se jetèrent à plat ventre et se mirent à ramper en s'éparpillant pour se glisser, les uns dans les haies, les autres dans les champs de luzerne ou de chanvre.

Charlotte, qui les avait imités, était parvenue à atteindre les bords d'un étang, dans lequel elle était entrée hardiment, afin de se réfugier au milieu des nombreux et épais roseaux dont cet étang était couvert ; puis, ayant ainsi de l'eau à mi-corps, notre jeune fille se croyant en sûreté se résigna d'attendre dans ce marais bourbeux que la nuit vint lui permettre de se remettre en route ; mais malheureusement Charlotte se trompait dans son calcul, car la pauvre enfant ne s'était pas doutée que plusieurs soldats républicains, placés en vedettes derrière une charmille, l'avaient aperçue de loin et vue pénétrer dans l'étang ; que l'ondulation des roseaux leur avait indiqué l'endroit où elle se tenait tapie.

— Hohé ! la chouanne, debout et viens ici, si mieux tu ne préfères que nous ne te chassions comme un canard sauvage ! crièrent les bleus après s'être approchés du bord de l'étang.

Et comme Charlotte, bien qu'elle eût entendu la menace, n'en tenait compte :

— Ah ! tu fais la sourde oreille ! alors gare à toi, la belle silencieuse, reprit un bleu tout en armant son fusil. Une fois, viens-tu !... deux !... trois !...

Et comme Charlotte ne répondait ni ne bougeait, le coup partit et la balle, après avoir coupé plusieurs roseaux, fut effleurer l'épaule de la jeune fille, à laquelle la douleur arracha un cri involontaire.

Ce coup de feu ayant donné l'éveil aux soldats répandus aux alentours, les fit accourir vivement à l'étang afin de s'enquérir du motif qui avait occasionné cette fusillade.

L'officier qui commandait ce peloton ayant été renseigné, et voyant l'eau se teindre en rouge, ordonna à celui qui avait tiré d'entrer dans l'eau et d'aller s'assurer si la chouanne était morte ou non.

Le soldat se glissa donc parmi les roseaux, où il chercha sa victime, qu'il aperçut vivante et fuyant à grand'peine au fur et à mesure qu'il approchait d'elle.

Charlotte, dont les pieds venaient de s'embarrasser dans les herbes, se voyant près d'être saisie, s'enfonça toute entière dans l'eau, en l'intention de se noyer, ce qu'elle préférait au malheur, à la honte de tomber entre les mains des républicains; mais celui qui la poursuivait, en la voyant disparaître, s'empressa de plonger à son tour et de la saisir par la robe pour la tirer de l'eau, la prendre dans ses bras et la porter sur la rive, où il la déposa privée de connaissance, où les soldats s'empressèrent de l'entourer et de fixer sur elle leurs regards curieux, qui, sous le sang, la vase et l'écume verdâtre qui couvraient le visage de Charlotte, ne surent point deviner qu'il existait des traits charmants.

— Mon officier, qu'allons-nous faire de cette femelle? demanda un caporal; faut-il l'achever?

— Fi donc! tuer une femme inoffensive! par le temps qui court, c'est l'affaire d'un bourreau et non celle d'un soldat... Laissez-lui reprendre ses sens, et nous la dirigerons vers la garnison, où le représentant de la Convention décidera de son sort, ainsi que de celui des autres prisonniers que nous lui avons déjà envoyés, fit l'officier pour s'éloigner ensuite.

Charlotte avait été plus d'une heure sans

reprendre connaissance ; car les bleus, qui s'étaient éloignés d'elle sans pour cela la perdre de vue, ne s'étaient guère non plus occupés de la secourir.

Lorsque la pauvre fille, souffrante et sous l'empire de la fièvre, rouvrit sa paupière, elle s'empressa de jeter un regard autour d'elle pour s'apercevoir qu'elle était gardée à vue et que la fuite lui était impossible.

Charlotte fit un mouvement pour essayer de se relever ; ce qu'ayant remarqué les républicains, fit que plusieurs d'entre eux se rapprochèrent d'elle.

— Ah çà, souillon, nous diras-tu qui tu es, pourquoi nous t'avons trouvée blottie dans cette mare à grenouilles? demanda un grossier soldat à la jeune fille.

Et comme elle gardait le silence :

— Ah çà ! répondras-tu, drôlesse? fit un autre d'un ton menaçant. De quelle couleur es-tu?

— Je suis royaliste! dit Charlotte hardiment.

— Ah! tu es royaliste? Eh bien! ma cocotte, ton affaire ne tardera pas à être réglée, sois tranquille.

Une heure plus tard, Charlotte était conduite à l'endroit où campait la garnison, et traînée, en qualité de royaliste, devant un représentant de la Convention, qui, après l'avoir examinée de la tête aux pieds, lui demanda d'une voix brusque qui elle était.

— Noble et royaliste, répondit fièrement Charlotte.

— Ah! tu es une ci-devant et tu oses l'avouer! reprit le Conventionnel avec un sourire de chat-tigre.

— Pourquoi le cacherais-je? reprit Charlotte.

— Avais-tu émigré?

— Non.

— Et tu te cachais dans ce pays, espérant que la république ne t'y atteindrait pas?

— Je suis vendéenne, ce pays est le mien et je l'habitais ; quoi de plus naturel ?

— Comment t'appelles-tu ?

— Charlotte de Vaudreuil.

— Quoi ! tu es la fille de ce ci-devant, de ce chef de chouans ? dit le conventionnel avec colère et en fixant d'un regard furieux la pauvre enfant.

— Il est mon père, et je me fais gloire d'être sa fille.

— Mais tu ne connais donc pas le sort

qui t'attend pour oser parler avec cette franchise et cette audace?

— La mort, n'est-ce pas, bourreau? ordonne, je suis prête!

A cette audacieuse provocation, le représentant couvrit la pauvre fille d'un regard de hyène et donna l'ordre qu'elle fût réunie aux autres prisonniers qu'on allait diriger sur Nantes.

Le lendemain, à la pointe du jour, après avoir passé la nuit sur la paille, en plein air, Charlotte, qui se soutenait à peine, fut contrainte de se mettre en route avec une poignée de paysans vendéens, ses compagnons d'infortune.

Les prisonniers, escortés par une troupe

nombreuse de soldats républicains, marchaient tristes et en silence.

Avant de quitter pour toujours leur terre nourricière, ils tournèrent simultanément la tête : un regard suffit à leur désespoir.

Ce détachement sortit enfin des bois épais de la Vendée. Notre Charlotte marchait absorbée dans ses pensées ; elle se rappelait Georges, Georges qu'elle aimait d'amour et ne devait plus revoir, à qui, du fond de son cœur, elle adressait un dernier adieu.

La Loire, que les prisonniers venaient d'atteindre, roulait paresseusement ses eaux, sans que la pauvre Charlotte s'en aperçût. Les ornements épars, châteaux, abbayes, villages et hameaux, qui décorent d'une façon si pittoresque les hauteurs dont elle est bordée, déployaient vainement devant ses yeux un ravissant spectacle. Toutes ces combinaisons romantiques étaient perdues pour elle.

Quand la ville de Nantes se dessina dans le lointain, Charlotte frissonna malgré elle. Les prisonniers marchaient toujours. Leur approche des barrières fut bientôt annoncée dans les faubourgs, et une foule de gens oisifs, comme il s'en trouve dans les grandes villes, se rua de leur côté pour se répandre en salutations amères et terribles.

Les efforts des soldats républicains suffisaient à peine pour garantir les infortunés Vendéens contre les insultes et les menaces de cette populace.

Charlotte, abîmée par la fatigue sous laquelle elle succombait, dont les charmants traits étaient cachés sous une croûte épaisse de sang et de boue, Charlotte, enfin, sous l'aspect d'un être hideux et les cheveux en désordre, servait de point de mire aux quolibets insolents et aux sarcasmes les plus atroces de cette populace haineuse. La noble fille, décidée à mourir, se résigna à toutes les humiliations sans proférer la moindre plainte, et pourtant la foule ameutée augmentait de fureur à mesure qu'elle croissait en nombre.

Les prisonniers, après avoir été promenés en triomphe dans toute la ville, furent conduits en prison, où on les laissa libres enfin de s'étendre et de respirer sur le fumier infect qui devait leur servir de couche tout le temps qui devait s'écouler avant que le tribunal révolutionnaire se fût prononcé sur leur sort.

Cette attente, pire que le plus affreux supplice, dura près de deux mois, mais l'affreux proconsul de la Convention, le sanguinaire Carrier, arriva à Nantes, et alors le tribunal révolutionnaire redoubla de zèle et d'activité sous ses ordres, en envoyant à l'échafaud cinquante ou soixante têtes par jour.

Les habitants de Nantes étaient dans la

stupeur ; ils n'osaient plus descendre dans les rues, car au moindre signe, à la moindre parole, on vous arrêtait comme suspect, et le lendemain le couperet du bourreau répondait à vos justifications.

Le conventionnel Carrier, craignant de ne pas en faire assez, de manquer de zèle et trouvant d'ailleurs que la guillotine était trop lente, chercha dans son infernal cerveau un moyen beaucoup plus expéditif pour débarrasser la nation des ennemis qui nuisaient à son repos ; et désireux de couronner son œuvre de destruction par une hécatombe humaine, ce démon inventa les noyades, autrement dire les mariages républicains.

Cette fête non sanglante consistait à attacher ensemble, face à face, deux condamnés, un homme et une femme, qu'on faisait monter dans un bateau à soupape, laquelle soupape s'ouvrait d'elle-même lorsque l'embarcation avait atteint le milieu du fleuve, où elle sombrait avec les malheureux qu'elle portait.

Carrier, pour donner à la France une haute idée de son civisme, pour la débarrasser des brigands qui mangeaient le pain de la république, ce qui était nécessairement une charge pour elle. Nous n'avons plus de pareils économistes, Dieu merci! Carrier donc, afin de mettre à exécution son projet de noyades, fit un jour extraire une centaine de malheureux des prisons, parmi lesquels se trouvaient

Charlotte et ses compagnons vendéens.

Ces infortunés, auxquels on n'accorda même pas le triste avantage de paraître à la barre républicaine, furent liés deux à deux, conduits au bord de la Loire, dont une foule immense et avide de se repaître du spectacle affreux qui allait avoir lieu, encombrait la grève en dépit de la cavalerie qui, par des charges pressantes, la faisait refluer dans les rues adjacentes, mais qui revenait sans cesse, comme un flot tumultueux, envahir l'espace qu'elle venait de quitter. Ah! c'est qu'il s'agissait pour cette populace de savourer les angoisses d'une proie vivante.

Lorsque Charlotte et ses compagnons

d'infortune furent arrivés sur la grève, la multitude se mit à pousser de longues acclamations en voyant les bateaux remplis d'individus des deux sexes, poussés loin du rivage.

Ces cris étaient-ils les adieux de l'affection se mêlant avec les vents prospères pour souhaiter que des amis voguassent heureusement sur les ondes? Non ; un atroce plaisir se mêlait à ces rauques accents, et n'avaient rien de commun avec les doux adieux de la tendresse et de l'amitié. Hélas! c'étaient les noyades, dont on célébrait alors l'épouvantable fête.

Cette boucherie non sanglante, ces massacres paisibles n'ayant pu se terminer dans la même journée, la nuit étant venue, les condamnés qui restaient à expédier furent reconduits dans leur prison, où, pour eux, de longues heures se passèrent dans l'agonie.

Quand le jour parut, les geôliers se précipitèrent dans la prison. Leur premier soin fut d'enlever les cadavres de ceux qui avaient eu le bonheur de mourir pendant la nuit. Vint ensuite le choix des victimes du jour.

Il restait cependant une chance de salut pour les femmes, car il était permis à chaque soldat républicain d'en choisir une pour épouse.

Quand on eût fait sortir les victimes

primitivement dévouées à l'exécution, les soldats furent appelés à l'exercice de leur privilège.

Ils entamèrent promptement leur examen; poussés par l'humanité plutôt que par la passion, le choix ne fut ni long ni difficile.

Toutes les femmes furent aussitôt choisies, une seule exceptée, qui préféra la mort plutôt que d'accepter ce singulier subterfuge, plutôt que d'unir son sort, sa destinée à un homme qui lui était inconnu. Cette femme, est-il nécessaire de dire que c'était Charlotte de Vaudreuil?

Ce refus étant l'arrêt de sa mort, la jeune fille fut confiée à quelques soldats de garde, avec ordre de la conduire sur le quai, où l'on n'attendait plus qu'elle pour commencer l'embarquement.

Ses vêtements étaient déchirés et en désordre, son visage sillonné de sang et de boue détrempée par ses larmes; ses cheveux tombaient confusément sur ses épaules; c'est en ce misérable état qu'elle arriva au bateau, et fut reçue à bord avec des acclamations d'une atroce moquerie.

Déjà les bateliers se disposaient à prendre le large lorsqu'un jeune officier républicain, haletant de fatigue, se fraie un chemin à travers la foule, plonge dans l'eau, saisit par la proue le corbillard flottant, et s'écrie d'une voix puissante :

— Arrêtez ! je choisis cette fille pour ma femme.

Charlotte a reconnu Georges ; elle pousse un cri, et comme il lui tendait les bras pour la recevoir, elle y tomba évanouie.

A cette scène inattendue, soldats, curieux, tous restent muets d'étonnement.

Un moment après, la barque homicide s'enfonça, mais déchargée d'une de ses victimes, car Charlotte inanimée avait été emportée, loin de la scène où s'exécutait cette affreuse tragédie, dans les bras nerveux du reconnaissant officier.

VI

O vous tous qui avez vu la mer dans sa furie battre sans pitié votre esquif; qui, sous un ciel noir de nuages, étourdissant de tonnerre, avez vu l'abîme s'entr'ouvrir pour vous engloutir, et qui avez échappé par un miracle de la divine providence à une mort prochaine, vous seuls devez comprendre combien furent grandes la surprise et la joie de Charlotte, en revenant à elle, de se trouver dans les bras de Georges, de devoir une seconde fois l'existence à celui que son cœur aimait secrètement.

Georges, après avoir sauvé la jeune fille, s'était empressé de la déposer dans une voiture publique et de la conduire dans une auberge située au-delà des portes de la ville, où il demanda une chambre, sur le lit de laquelle Charlotte fut déposée; où, aidé de Coquardeau, qui s'était joint à lui, il s'était hâté de prodiguer à la jeune fille tous les soins nécessaires pour la rappeler à la vie.

— C'est donc encore vous, Georges, qui venez de m'arracher à la mort? Ah! mon ami, comment jamais m'acquitter envers vous? dit Charlotte en présentant à l'officier sa main à presser.

— En le rendant heureux, comme il mérite de l'être; en étant envers lui bien aimable, bien aimante, car enfin vous êtes sa femme, mademoiselle, bien sa femme, dit Coquardeau.

— Il serait possible, Georges, que ce mariage fut sérieux? demanda Charlotte.

— Très-sérieux, mademoiselle, surtout en ce moment, et cela sous peine de mort; mais ne vous alarmez nullement et comptez fermement sur mon honneur, sur ma parole pour vous rendre, lorsqu'il en sera temps, cette liberté que j'ai osé vous ravir sans votre consentement afin de vous arracher au supplice qui vous attendait.

— Ainsi, monsieur, nous voici en ménage, et mademoiselle Charlotte de Vaudreuil, royaliste pur sang, est devenue la femme d'un officier républicain. Vrai, voilà une singulière anomalie, vous en conviendrez, messieurs, dit Charlotte en s'efforçant de surmonter les souffrances qu'elle ressentait pour les cacher sous un sourire.

— Mon officier, veuillez donc conseiller à la citoyenne votre épouse que la prudence exige qu'elle vous tutoie, et qu'elle doit perdre l'habitude de vous donner le titre de monsieur, ce qui ne manquerait certes pas de gâter de nouveau ses affaires si les dévoués et féroces patriotes dont cette ville est infectée venaient à l'entendre, et par excès de zèle la dénoncer au citoyen-Carrier, qui, certes, ne se ferait pas tirer l'oreille pour faire à son égard recommencer le drame dont vous êtes venu si à propos interrompre le dénoûment.

— Cet ami a raison, citoyenne Charlotte; il est de toute nécessité, de te conformer à ce conseil jusqu'au jour où il me sera possible de t'éloigner du danger, de mettre tes jours en sûreté en te procurant les moyens de passer à l'étranger et de te rendre dans ta famille.

— Citoyen mon mari, qui te dit que je veuille m'éloigner de toi? Crois-tu donc que j'ignore que le devoir d'une femme est de suivre son mari où bon lui semble de la mener? répondit Charlotte.

— Bravo, citoyenne, ça va tout seul, et les citoyens les sans-culotte n'auront pas le plus petit mot à dire, s'écria Coquardeau, tandis que Georges, qui fixait attentivement le visage de Charlotte, le voyait de plus en plus pâlir ; car ce que nous avons oublié de dire est que le premier soin donné à la jeune fille par les deux jeunes gens avait été de rendre à son teint son éclat naturel, en lui lavant le visage afin de le débarrasser du sang et de la poussière qui en ternissaient la beauté.

— Vous souffrez, vous souffrez beaucoup, Charlotte, et je l'oubliais, dit Georges avec inquiétude.

— Je l'oubliais en t'é... en vous écoutant, mon ami, mon sauveur ! répondit la jeune fille.

— Citoyen, mon avis est que tu laisses la citoyenne ta femme reposer en paix, tandis que nous allons retourner à la caserne faire notre service et instruire notre colonel de ton mariage, dit Coquardeau.

— Georges, ne me quittez pas, fit Charlotte d'une voix suppliante.

— La discipline m'en fait un devoir, mademoiselle, mais je m'éloigne pour peu de temps; dans deux heures je serai de retour et entièrement à vous.

Charlotte se résigna ; et après avoir placé près d'elle une servante de l'auberge, Georges s'éloigna en emmenant Coquardeau avec lui.

La première démarche que fit le jeune officier, lors de son retour à la caserne, fut de se présenter chez son colonel, duquel il avait sollicité un moment d'entretien particulier, et qui l'accueillit le sourire sur les lèvres.

— Georges, je connais, mon brave, le sujet de ta visite; tu viens m'annoncer ton mariage, n'est-ce pas?

— Quoi! vous savez déjà, mon colonel?...

— Que suivant l'impulsion de ton excellent cœur, et pour sauver la vie à une malheureuse femme qu'on allait noyer, tu as consenti à l'épouser, mais à la façon républicaine, ce qui n'engage à rien, il faut l'avouer; seulement, ce qui est fâcheux pour toi, c'est que ta femme, m'a-t-on dit, est un monstre de laideur, une affreuse barbouillée, disait le colonel en riant.

— Mon colonel, vous êtes l'honneur

même, vous êtes un père pour moi, aussi ne vous cacherai-je rien, car je sais que mon secret sera en sûreté lorsque je l'aurai épanché dans votre sein.

— Parle, Georges, je t'écoute, reprit le colonel en faisant signe au jeune homme de s'asseoir auprès de lui.

— Colonel, vous saurez qu'en sauvant de la mort une malheureuse fille, je n'ai fait que d'acquitter une dette que m'imposait la reconnaissance, car cette fille m'avait elle-même sauvé de la haine des Vendéens, qui, m'ayant fait prisonnier, se disposaient à me fusiller ; que, non satisfaite de m'avoir conservé la vie, elle m'a fait conduire en un lieu sûr, et que là, s'étant assise à mon chevet, durant un long laps de temps, ses mains délicates autant qu'actives ont pansé mes blessures.

— Je comprends alors ton dévoûment, Georges ; mais qu'est donc cette fille généreuse ? s'informa le colonel.

— Mademoiselle Charlotte de Vaudreuil dont le père est un des chefs les plus braves et les plus estimés de l'armée vendéenne.

— Charlotte de Vaudreuil ! mais je me suis laissé dire que cette fille est un diable des plus jolis, qui ne craint ni le feu ni le fer et se bat comme un enragé.

— C'est elle-même, mon colonel.

— Ah çà! est-elle belle ou laide? je serai bien aise d'être fixé là-dessus.

— Jolie comme un ange, colonel, ce dont il vous sera facile de vous convaincre le jour où, moins souffrante, il me sera permis de vous la présenter.

— Çà, comptes-tu profiter de l'heureuse aubaine qui t'a rendu le propriétaire de cette belle aristocrate?

— Ce que je veux, mon colonel, c'est de lui procurer la facilité, non de rejoindre son père, car ce serait l'exposer de nouveau aux dangers de la guerre, mais bien de la faire passer en Angleterre, où se trouve en ce moment sa famille.

— Hum! la chose n'est guère facile; cependant on essaiera... Mais pourquoi consens-tu bénévolement, mon garçon, à te séparer d'une jeune et jolie fille, à qui la reconnaissance impose le devoir d'aimer son libérateur? une fille qui doit être riche, sans nul doute, ce qui n'est pas à dédaigner?

— C'est que mon cœur ne m'appartient plus, mon colonel; c'est qu'il y a de par le monde une autre jeune fille, appelée Hélène de Bussière, que j'aime, et de laquelle je suis aimé.

— Quoi ! encore une fille noble, une aristocrate? Corbleu ! citoyen, il me semble qu'en qualité de soldat de la république, et en faisant ainsi pacte d'amour avec les jolies aristocrates, que vous dérogez fièrement à la consigne, fit en riant le colonel.

— La république, mon colonel, ne pourrait qu'approuver un sentiment qui, en éveillant dans mon cœur le désir de me placer au niveau de celle que j'aime, m'a fait soldat, afin de m'élever par la bravoure.

— Je te comprends, Georges, et tes désirs seront remplis, car tu es un brave soldat; mais comme notre chère république n'est, pour l'instant, qu'une brutale déesse étrangère à tout ce qui est bon et sensible, fais en sorte qu'elle ignore ton amour pour une aristocrate, si tu ne veux qu'elle te soit plus hostile que reconnaissante.

— Je me tairai, mon colonel, répondit Georges.

Après avoir quitté son chef, le jeune homme se rendit à la caserne, où se trouvait le dépôt de son régiment et où l'appelait son service.

Quelques heures plus tard, après avoir rempli son devoir, Georges se hâta de retourner à l'auberge, afin de revoir Charlotte et de s'informer de l'état de sa santé. Il retrouva, ainsi qu'il s'y attendait, Coquardeau à son poste, lequel lui apprit que la citoyenne, qui s'était endormie aussitôt après son départ, n'était pas encore éveillée.

Ce ne fut donc que fort avant dans la journée qu'il fut possible à Georges de revoir Charlotte, qu'il trouva mieux portante, que la fièvre avait quittée et qui le reçut le sourire à la bouche.

— Citoyen mon mari, il me semble que vous avez beaucoup tardé à revenir auprès de votre nouvelle épouse, fit Charlotte.

— J'ai respecté le sommeil, mademoiselle, auquel vous êtes redevable, en ce moment, du retour de votre beauté et de toute votre fraîcheur.

— Merci de cet aimable compliment, mon ami; mais ne pourrais-je essayer de me lever?

— Sans l'ordre du médecin que j'ai fait appeler, non; ensuite, comme la femme d'un officier ne peut se vêtir de robes souillées et déchirées, vous voudrez bien attendre que les vêtements que j'ai fait demander pour vous soient apportés.

— En vérité, vous pensez à tout, Georges, et je ne sais en vérité si mon cœur pourra suffire à vous payer toute la reconnaissance dont je vous suis redevable, fit la jolie fille en pressant dans la sienne la main de l'officier, dont elle s'était emparée, et en l'inondant du plus tendre et chaste regard.

— En fait de reconnaissance, Charlotte, nous sommes quittes l'un envers l'autre ; je vous ai rendu service pour service : vous m'avez sauvé de la corde, moi je vous ai empêché d'être noyée. Or, ne nous occupons donc plus de l'amitié qui unit aujourd'hui nos deux cœurs, qui nous fait frère et sœur et nous oblige à nous protéger et à nous secourir mutuellement.

Ces mots de frère et de sœur semblèrent vibrer douloureusement dans le cœur de Charlotte, dont le charmant visage se couvrit subitement d'une teinte de tristesse.

— Vous dites vrai, monsieur, nous ne devons être qu'amis, et cependant...

Ici Charlotte s'arrêta, et ses joues se colorèrent d'une légère teinte d'incarnat.

— Cependant quoi? Que vouliez-vous dire, Charlotte? reprit Georges avec inquiétude.

— Que cette amitié ne peut durer longtemps, monsieur, car il va falloir nous séparer bientôt pour ne plus nous revoir jamais, peut-être.

— Ce jamais est cruel de votre part, Charlotte ; la paix reviendra sans doute, et sous ses doux auspices il sera facile, je pense, à deux amis de se rejoindre souvent et de se témoigner leur attachement.

— Vous parlez de paix, lorsque la trompette de la guerre retentit dans toute l'Europe, lorsque votre carrière va vous entraîner loin, bien loin, et vous exposer à mille combats... Tenez, Georges, le secret que renferme mon cœur me fait trop souffrir pour que je ne m'empresse de l'en arracher, et puissiez-vous concevoir de moi une idée défavorable, je veux parler : Georges, je vous aime d'amour ; le hasard, ou plutôt l'humanité, m'a donné le titre de votre femme, eh bien ! mon plus grand désir est de sanctifier cette union, de devenir votre épouse, votre compagne inséparable, enfin de vous suivre en tout lieu et de partager vos dangers. Georges, si l'orgueil, si le devoir de reconquérir les prérogatives de mon rang m'ont fait vendéenne, l'amour aujourd'hui me rend républicaine. Oui, pour vous aimer, vous suivre, je renonce à ma famille, à mon roi, à mes titres... Georges, accepte ce sacrifice ; veux-tu de moi pour ta femme ?

— Charlotte, vous êtes un ange de

bonté et de beauté; vous posséder pour épouse et compagne me rendrait fier et heureux ; mais hélas ! une pareille faveur, un bonheur aussi précieux ne me sont pas destinés. Charlotte, ce cœur dont vous demandez la possession, je ne puis en disposer, car il s'est donné depuis longtemps à une jeune fille, bonne, belle et noble comme vous.

A ces mots, Charlotte se mit à sangloter et son visage se cacha dans ses deux mains.

Georges attendri, troublé jusqu'au fond de l'âme à l'aspect de ce douloureux désespoir, prit dans les siennes la main de

Charlotte, qu'il porta à ses lèvres pour la couvrir de baisers.

— Charlotte, au nom du ciel, pardonnez-moi le chagrin que je vous cause; oubliez un amant ingrat pour n'aimer en lui qu'un frère, qui pour vous donnerait mille fois sa vie.

— Ah ! Georges, pourquoi m'avez-vous conservé une existence qui m'est odieuse aujourd'hui, puisqu'il m'est défendu de vous la consacrer. Mais c'est en vain que vous essayez de m'éloigner de vous ; car s'il vous est interdi de m'aimer, moi j'ai ce droit et veux le conserver jusqu'à mon dernier jour. Georges, je ne vous quitterai plus, et sans jamais vous parler de l'état de mon cœur, je vous suivrai dans les combats que vous avez à soutenir, jusqu'au jour où la mort viendra m'y frapper. Oh! ce ne sont plus les vêtements de mon sexe qu'il me faut désormais, mais un uniforme, un fusil et le droit de marcher à vos côtés.

— Charlotte, votre esprit s'égare! Songez à votre père, dont en ce moment l'inquiétude doit être extrême; à votre rang, à votre faiblesse. Charlotte, la guerre que nous faisons en Vendée n'est point encore terminée; demain peut-être rentrerons-nous sur votre terre natale. Oseriez-vous m'y suivre et combattre ceux avec lesquels vous marchiez contre nous; Charlotte, réfléchissez que la balle sortie de votre fusil peut aller frapper votre père dans les rangs que vous aurez désertés.

Ces paroles semblèrent calmer l'ardeur de la jeune fille, qui, après avoir gardé un instant le silence, reprit en ces termes :

— Vous avez raison, Georges, je ne dois pas m'exposer à devenir parricide ; je ne dois pas faire la guerre à mon pays, mais aujourd'hui les étrangers envahissent nos frontières de toutes parts, et c'est contre eux que je veux marcher avec vous.

— Mais ai-je le droit de décider de mon sort, de quitter un champ de bataille pour me rendre sur un autre ? Non ! et si mon drapeau reste planté en Bretagne là où il est, je dois rester, répondit Georges avec fermeté.

— Alors je vous suivrai en Vendée, où je resterai neutre.

Georges se disposait à combattre cette nouvelle résolution de l'obstinée jeune fille, lorsque Coquardeau entra vivement dans la chambre pour prévenir Georges que son colonel le faisait demander pour lui communiquer des ordres importants.

— Attendez-moi, Charlotte; aussitôt libre je reviens auprès de vous. Du calme surtout; attendez, attendez !

Et cela dit, Georges s'éloigna, suivi du sergent, auquel il aurait désiré confier la surveillance de Charlotte, mais duquel le devoir réclamait aussi la présence à la caserne.

Il y avait un quart-d'heure au plus que Charlotte était restée seule, livrée à d'amères réflexions et les yeux mouillés de larmes, lorsque la porte de sa chambre s'ouvrit et que s'y introduisit un paysan, dont le chapeau était orné d'une énorme cocarde tricolore.

— Toi, Jean Pitou? fit avec surprise la jeune fille en reconnaissant ce dernier.

— Moi-même, not' demoiselle.

— Comment as-tu su que j'étais à Nantes, et qu'y viens-tu faire?

— Rien de pu facile à vous expliquer : vous saurez donc que vous sachant tombée entre les mains des bleus, j'vous avons suivi en cachette depuis votre départ du château jusque dans c'te ville maudite, et cela en compagnie de mossieu vot' père.

— Mon père est ici? s'écria Charlotte émue.

— Mais oui, et même que son pauvre cœur a terriblement souffert en apprenant que ces gueux de républicains en voulaient à votre vie, en vous voyant monter dans le bateau qui devait vous noyer. Allez, mamzelle, si le cher homme ne s'est pas trahi à ce moment terrible, ce n'est pas de sa faute, mais bien de la mienne, qui l'avons retenu, supplié, mais j'suis certain que mes efforts eussions été inutiles, lorsque le bateau qui vous portait se disposait à quitter le rivage, si votre libérateur, ce brave officier qui était notre prisonnier, ne fut arrivé à temps pour vous sauver.

— Mais mon père, où est-il? s'écriait Charlotte impatiente et toute tremblante, lorsque le comte de Vaudreuil, vêtu en homme du peuple, se présenta pour courir au lit et embrasser sa fille.

— Vous, mon père! quel bonheur!

mais, grand Dieu ! comment avez-vous osé venir dans cette ville de meurtre, où la mort serait l'infaillible suite de votre témérité si vous y étiez reconnu ?

— N'essaie pas de m'alarmer, mon enfant, et laisse ton père tout entier au bonheur de te revoir, de te presser dans ses bras... Charlotte, où est-il, que je me prosterne à ses pieds, l'homme généreux auquel je suis deux fois redevable de la vie de mon enfant, redevable aussi de la mienne, car, avec toi, je voulais mourir Charlotte, et pour exécuter ce projet, pour me livrer à tes bourreaux, je me faisais un passage à travers cette foule avide de meurtre, lorsque mes yeux aperçurent avec joie et surprise ton sauveur t'enlever du bateau et t'emporter dans ses bras. Retenu par une foule compacte, tandis que je faisais tous mes efforts pour m'en tirer, Georges et toi vous disparûtes à mes yeux ; mais Jean Pitou, ce zélé serviteur, avait heureusement suivi vos traces jusqu'à cette auberge.

— Où vous avez cruellement tardé à vous rendre, mon père, fit Charlotte de l'expression du reproche.

— Ah ! dame ! mam'zelle, c'est qu'il m'a longtemps fallu chercher mossieu le comte dans cette grande ville et parmi tous ses habitants, si ben enfin qu'il y avons un quart-d'heure au plus que j'avons mis la main dessus, vu que tandis qu'il vous cherchait au nord, je le cherchais au midi.

— Charlotte, il nous faut quitter cette ville au plus tôt, ou les gens de justice, les espions du tribunal révolutionnaire ne tarderaient pas à nous découvrir.

— Mon père, ignorez-vous à quel prix Georges m'a arrachée à la mort?

— Je l'ignore, parle! dit vivement le comte.

— En déclarant, en présence de mes bourreaux, qu'il me prenait pour sa femme.

— Toi, sa femme ! s'écria le comte surpris.

— Oui, mon père, je lui appartiens, sans sa volonté je ne puis ni ne dois m'éloigner.

— Ce mariage n'est qu'un faux semblant, je l'espère.

— Ce n'est que trop vrai, mon père. Georges, le plus loyal comme le plus généreux des hommes, s'est empressé de me déclarer que j'étais libre.

— Ah ! le cœur d'or ! fit le comte.

— Au lieu de vous réjouir de cette action, plaignez-moi, mon père, en apprenant que j'aime ce jeune homme, que je l'aime plus que ma vie.

— Tu as raison, ma fille, car son courage, son dévoûment l'ennoblissent et le rendent notre égal. Que Georges consente à abandonner la cause impie et sanguinaire qu'il sert pour se ranger sous notre drapeau, alors je l'accepte avec joie pour mon gendre.

— Georges ne peut m'offrir qu'une amitié de frère, mon père, son cœur étant à une autre, à Hélène de Bussière, à laquelle il l'a donné; et quand bien même il serait libre de devenir mon époux, soyez certain qu'il refuserait ma possession au prix d'un parjure, dit Charlotte avec tristesse.

— Charlotte, une de Vaudreuil ne peut devenir la femme d'un républicain, reprit le comte avec sévérité. Enfant, crois-moi, oublie un amour impossible, et dans ton cœur ne conserve en faveur de Georges que le sentiment de l'amitié et celui de la reconnaissance. Charlotte, il faut fuir Georges, il faut t'éloigner de lui.

— Mon Dieu! ne plus le revoir; qu'exigez-vous, mon père?

— Un acte de raison d'où dépend le repos de ton cœur... Pense qu'il aime une autre femme que toi, mon enfant, et que ton amour n'ayant rien à espérer, il faut l'éloigner et oublier.

— Mais, mon père...

— Plus un mot, Charlotte... obéis, je l'exige !

Charlotte pleura, supplia, mais tout cela n'empêcha pas que le soir du même jour, en revenant pour la voir, Georges ne trouva à sa place qu'un billet ainsi conçu, tracé de la main du comte de Vaudreuil :

« Ne soyez pas inquiet ; j'emmène ma
« fille, l'enfant bien-aimée que vous m'a-
« vez rendue deux fois. A vous notre ami-

« tié la plus dévouée, notre reconnais-
« sance éternelle. Je prie Dieu pour qu'il
« nous réunisse en des temps meilleurs,
« où, ayant cessé d'être ennemis et tous
« réunis sous le même drapeau, il nous
« sera permis de nous tendre la main et
« de nous embrasser. »

Cet écrit, que la prudence avait empêché le comte de signer, surprit beaucoup Georges et le plongea dans la plus vive inquiétude.

— Ah! ces nobles! ils ne doutent de rien. Le ciel veuille les protéger et qu'ils regagnent en paix leur abri! fit le jeune homme.

VII

En 1796, la France respirait, car les égorgeurs qui l'avaient inondée de sang s'étaient détruits les uns par les autres; la Vendée était pacifiée, le paysan avait quitté le fusil pour reprendre la charrue.

La ferme de Bussière, qui avait échappé à l'incendie, s'élevait radieuse et prospère, grâce à l'activité de sa fermière, qui, quoique veuve depuis près de quatre ans, dirigeait à elle seule cette vaste exploitation, et par sa sagesse, sa bienfaisance, avait su se faire respecter de chacun et bénir des malheureux, qu'elle ne cessait de secourir.

Le jour où nous revenons à Bussière, Madeleine la fermière était joyeuse, car son fils, qui depuis un an guerroyait en Allemagne ainsi qu'en Autriche, lui avait écrit que ses nombreuses blessures et les fatigues de la guerre l'ayant contraint de solliciter un congé de plusieurs mois, il venait passer cet heureux temps auprès d'elle.

Il est aisé de comprendre que c'était un grand bonheur, un grand sujet de joie pour la pauvre mère qui, n'ayant pas revu son enfant chéri depuis près de quatre ans; qui chaque jour avait tremblé pour ses jours et prié le ciel de le lui conserver.

Georges, d'après sa lettre, ne pouvait tarder d'arriver; aussi Madeleine l'attendait-elle d'heure en heure, plantée sur le seuil de la grande porte de la ferme, le regard fixé sur la route par où il devait venir et sentant battre son cœur d'espérance et de joie chaque fois qu'au loin se dessinait l'ombre d'un voyageur.

— Hélas! mon Dieu, mais il n'arrivera donc jamais! disait un après-midi Madeleine qui, lasse d'attendre et de regarder inutilement, se disposait à rentrer à la ferme, lorsque deux bras la saisirent par derrière, lorsque deux lèvres se pressèrent sur son cou pour l'embrasser à plusieurs reprises, tout en murmurant :

— Non, il ne viendra pas, car il est venu.

C'était Georges, qui, accompagné de Coquardeau, s'étaient tous deux dirigés à travers champs vers la ferme, dans laquelle ils avaient pénétré par une porte de derrière.

— Mon fils! mon cher enfant! s'écria Madeleine en entourant son fils de ses bras, pour ensuite le couvrir de baisers et mouiller son visage de ses larmes de joie.

— Bonne et bien-aimée mère, nous voilà donc réunis! disait Georges en pleurant, en rendant à Madeleine caresses pour caresses.

— Georges, comme tu es changé! quelles longues moustaches! que tu fais donc un beau et mâle soldat! disait Madeleine en admirant son fils de la tête aux pieds ; enfant, tu as été bien malheureux et blessé bien souvent, n'est-ce pas ?

— Blessé dix fois, mère ; quant à être malheureux, jamais ! seulement un bon jour sur vingt mauvais, mais bah ! on se console de tout et je m'écrie : Vive l'état de soldat ! vive la guerre ! vive la France ! répondit Georges en riant.

— Maintenant, mon ex-bourgeoise, que vous avez bien bicholé votre fils, est-il permis à votre ex-garçon perruquier de s'informer de l'état de votre santé ?

— Comment ! c'est toi, Coquardeau,

ami fidèle de mon Georges? mais embrasse-moi donc aussi, mon garçon.

Coquardeau sauta au cou de la fermière.

— Sapristi! comme tu as l'air brave et crâne, mon cher Coquardeau! Ah çà! as-tu monté en grade depuis que nous ne nous sommes vus?

— Oui, chère bourgeoise : lieutenant, rien que cela! fit l'ex-sergent orgueilleusement, tout en frisant sa moustache.

— Et toi, mon Georges, je vois aux dorures qui ornent ton uniforme que tu es devenu un grand personnage?

— Colonel, ma mère ! grade honorable que j'ai conquis en Autriche, sur le champ de bataille.

— Où mon colonel a enlevé deux drapeaux à l'ennemi et attrappé trois solides blessures qui ont failli l'envoyer *ad patres !*

— Georges, en t'exposant ainsi, tu ne pensais donc pas à ta pauvre mère, qui ne saurait te survivre.

— Mère, j'avais juré, en me faisant soldat, de devenir quelque chose, et Dieu m'a exaucé ; encore un grade et je deviens général !

Tout en causant ainsi, nos trois amis avaient gagné la ferme, où une table servie les attendait, où les gens de la maison, étant tous accourus, s'étaient empressés de les entourer curieusement.

— Eh bien! mes gars, nous voilà donc amis maintenant? Nous avons donc renoncé à la chasse aux bleus? dit gaîment aux paysans le lieutenant Coquardeau, en leur frappant amicalement sur l'épaule.

Ce jour fut un jour de fête pour tous les habitants de la ferme et les habitants du village, auxquels la fermière fit distribuer des vivres et du vin à profusion ; puis le soir étant venu, la mère et le fils se retirèrent dans une chambre éloignée, afin de pouvoir causer sans témoin ; ils avaient tant de choses à se dire !

— Georges, commença Madeleine, sais-tu ce que sont devenus le marquis de Bussière et sa nièce Hélène, dont je n'ai pas entendu parler ni reçu aucune nouvelle depuis le jour où le marquis a quitté le Moulin des Revenants ?

— Non, mère, je l'ignore, répondit tristement le colonel.

— Mon fils, c'est de ton père, c'est de ta promise dont je te parle et qu'il nous faut retrouver à tout prix, car il me faut leur restituer cette fortune que je leur conserve.

depuis si longtemps, de laquelle je me suis faite la gardienne fidèle.

— En effet, ma mère, vous m'avez parlé de ce trésor dans une des lettres que vous m'avez écrites, mais toujours sans m'instruire du lieu où vous l'avez caché.

— Je n'ai eu garde, Georges, de commettre cette imprudence ; mes lettres n'auraient eu qu'à s'égarer, à tomber dans des mains infidèles.

— Ah ! vous avez eu raison, mère.

— A toi, présent, je puis l'avouer, mon fils, afin que, s'il plaisait au bon Dieu de me rappeler subitement à lui, tu puisses restituer cet argent au marquis de Bussière, argent duquel mon coupable mari s'était déloyalement emparé. Demain, Georges, je te conduirai dans notre clos et t'indiquerai l'endroit où ce trésor repose sous la terre... Maintenant, mon cher fils, parle-moi de l'état de ton cœur; dis-moi s'il est resté fidèle à la bonne Hélène, si tu aimes toujours cette belle et charmante fille.

— Toujours, mère.

— C'est bien de ta part, cela, mon enfant ; aussi espérons que pour récompenser ta fidélité, le bon Dieu voudra que tu la retrouves.

— Je ne l'espère plus, mère ; car si Hélène et son oncle existaient encore, je ne puis croire que depuis que la France est pacifiée ils ne nous eussent donné de leurs nouvelles.

— Hélas ! si le malheur voulait qu'il en fût ainsi, que ferions-nous de tout l'argent qui leur appartient ? fit l'honnête Madeleine avec inquiétude.

— Mère, le devoir exigerait que nous nous enquérions des héritiers du marquis, afin de le leur restituer.

— Tu as raison, Georges ; mais, pour cela, je pense qu'il ne faudrait pas aller bien loin pour trouver le légitime héritier de ce trésor, puisque le marquis de Bussière, dans la lettre qu'il m'a laissée en quittant le Moulin des Revenants, te reconnaît pour son fils.

— Mère, avant de m'approprier cette fortune, attendons, attendons! car quelque chose me dit que nous reverrons un jour le marquis et ma chère Charlotte.

— Charlotte! qu'est-ce que cela? c'est Hélène que tu as voulu dire? fit en riant Madeleine.

— Oui, ma mère, Hélène. Quant à cette chère Charlotte, encore un ange qui daigna m'aimer et qui fut ma femme l'espace de quelques heures.

— Ta femme! je ne puis comprendre, Georges ; explique-moi çà !

Et Georges s'empressa de raconter à Madeleine l'épisode dramatique des noyades de Nantes ; comment il avait été assez heureux pour sauver une seconde fois la vie à Charlotte de Vaudreuil, à laquelle il était à son tour redevable de l'existence et du bonheur de pouvoir embrasser sa mère.

— Georges, reprit Madeleine en pleurant d'attendrissement, si tu n'aimais Hélène, je te souhaiterais cette demoiselle Charlotte pour compagne.

— Je vous crois, ma mère, vu que si je n'adorais Hélène, j'adorerais Charlotte, toutes deux étant égales en mérite comme en beauté.

— Savez-vous bien, monsieur mon fils, que pour un enfant du peuple, un ex-garçon perruquier de la rue Saint-Antoine, qu'il y a honneur à vous faire aimer ainsi par de nobles et belles demoiselles ! observa la fermière en riant. D'après ça, ajouta-t-elle, il n'y a rien d'étonnant à cela, tu es si bon, si brave et si beau!

— Prenez garde, mère, votre excessive

indulgence à mon égard, et les louanges que vous me prodiguez, finiront par me rendre orgueilleux.

— Toi orgueilleux, mon enfant! ah! il n'y a pas de danger, tu es trop spirituel pour ça !

— Mère, laissons mon mérite de côté et cherchons à nous deux quel moyen nous pourrions employer pour avoir des nouvelles du marquis et de sa nièce, pour savoir enfin ce qu'ils sont devenus.

— Georges, pour atteindre ce but, depuis un an bientôt, je fais voyager en Angleterre et en Allemagne un brave vendéen nommé Jean Pitou, lequel connaît le marquis, ainsi qu'Hélène ; mais ce garçon a eu beau fouiller tous les pays que je lui ai indiqué, il n'a trouvé ni entendu parler de nos gens.

— Attendons, mère, et espérons, fit Georges en soupirant.

VIII

Depuis deux mois, Georges se reposait de ses fatigues auprès de sa mère, dont les bons soins avaient peu tardé à rétablir sa santé, à cicatriser entièrement ses blessures. Notre jeune colonel, que commençait à lasser l'existence inactive et monotone qu'il menait, et aux oreilles duquel venait bourdonner le bruit des victoires que remportaient chaque jour sur tous les points les armées de la France, rougissait de son oisiveté et nourrissait secrètement le projet d'aller au plus tôt rejoindre ses frères d'armes, afin de partager leurs dangers et leurs triomphes. La seule chose qui retenait notre jeune colonel, dont le congé ne devait expirer que dans deux mois, était la douleur que ressentirait sa bonne mère au moment d'une nouvelle séparation, chagrin qu'il s'efforçait d'éloigner quoiqu'il brûlât d'impatience de reprendre sa volée.

On était au mois de février, le temps

était rude, la terre gelée et couverte de neige. Cette blanche pluie tombait un soir à gros flocons, les serviteurs de la ferme étaient tous groupés autour de l'âtre d'une vaste cheminée dont la flamme pétillante réchauffait leurs corps glacés par la froidure et le vent impétueux des bois ou ils avaient passé la journée en travail.

Georges et sa mère s'étaient réunis dans une chambre séparée. Quant à Coquardeau, son congé étant expiré depuis quinze jours il avait quitté son colonel pour rejoindre le régiment, qui momentanément tenait garnison à Grenoble, en attendant qu'il plût au ministre de la guerre d'utiliser sa bravoure, en lui faisant rejoindre l'armée campée sur la frontière de la Sardaigne. Ce soir là donc, les chiens de la ferme se mirent à aboyer plus fort que de coutume et des coups réitérés frappés sur la grande porte de la ferme annoncèrent un visiteur ou un voyageur attardé, perdu, qui désirait d'être renseigné sur sa route ou d'obtenir l'hospitalité pour la nuit, service que n'avait jamais refusé la charitable et bienveillante Madeleine, qui, ayant entendu frapper, vint donner l'ordre à ses gens d'aller ouvrir. Sur ce, un jeune gars se détacha du foyer, à regret peut-être, et courut ouvrir à un homme enveloppé dans un grand manteau brun, que couvrait une couche épaisse de neige et de glace, sous lequel manteau il abritait une jeune et frêle créature.

— Cette ferme appartient-elle toujours à Pierre Landry, s'informa l'étranger.

— Pierre Landry étions mort il y aura quatre ans aux prunes, mais sa veuve, Madeleine Landry, notre maîtresse, étions toujours propriétaire de c'te ferme qu'elle habitons, répondit le jeune gars.

— Puis-je la voir, lui parler ?

— Certainement, tout de suite, même si monsieur voulait me suivre.

— Conduisez-nous, mon ami.

L'étranger et sa compagne furent aussitôt introduits dans la ferme et conduits à la chambre ou se trouvaient Madeleine et son fils.

— Amis, deux pauvres exilés, mourant de fatigue, de froid et de faim, viennent vous demander l'hospitalité, fit l'étranger en se débarrassant de son manteau, pour montrer à la mère ainsi qu'au fils le marquis de Bussière et sa nièce Hélène, tous deux exténués, pâles, amaigris et pauvrement vêtus.

— Monsieur de Bussière ! Hélène ! s'écrièrent simultanément Madeleine et Georges.

— Oh ! soyez les bien-venus mille fois,

vous que j'attendais avec impatience, disait Madeleine en s'empressant d'approcher deux grands fauteuils près du feu pour y faire asseoir les deux voyageurs.

— Ah! j'étais bien certain, Madeleine, de vous retrouver toujours bonne et compatissante.... Georges viens donc embrasser ton père, dit le marquis, dans les bras duquel se précipita le jeune homme.

— Et vous, mademoiselle, dites-nous donc aussi quelque chose, fit Madeleine en entourant Hélène de ses bras; Hélène, qui semblait se mourir et n'eut que la force de répondre à l'invitation de la fermière par un sourire douloureux.

— Pardonnez à la pauvre enfant, Madeleine, elle a tant souffert et souffre tant encore, dit le marquis.

— Notre amitié et nos soins lui rendront la santé, monsieur ; espérez-le, dit Georges, qui s'était agenouillé devant Hélène, et s'occupait à réchauffer ses mains glacées dans les siennes, tout en contemplant avec douleur les ravages que la souffrance avait occasionné dans cet être délicat et jadis si ravissant.

— Monsieur le marquis, nous avons longuement à causer, mais remettons cette tâche à demain ; ce soir il ne s'agit pour vous et mademoiselle que de réparer vos forces en mangeant pour après aller vous reposer dans les bons lits qu'on est entrain de préparer pour vous, et comme le désir de mon fils et le mien sont que vous dormiez bien et sans nul souci qui vous tourmente, nous ne vous dirons que les mots nécessaires pour que vos souhaits se réalisent, et ces mots sont : Dormez en paix et rêvez le bonheur, car votre fidèle servante, qui s'est instituée la gardienne de votre fortune la remettra demain entre vos mains.

— Madeleine, soyez bénie! prononça le marquis d'une voix qu'étouffait la surprise, la reconnaissance et la joie.

Le lendemain, après avoir passé une

nuit calme, le marquis étant encore au lit, reçut la visite de la fermière et de son fils, qui vinrent s'asseoir à son chevet.

— Georges as-tu donc quitté la carrière militaire que je suis assez heureux pour te retrouver auprès de ta mère? s'informa le marquis en admirant le jeune homme, dans les traits duquel il se plaisait à reconnaître les siens.

— Non, mon père, car je veux devenir général et ne suis encore qu'un simple colonel, répondit le jeune homme.

— Déjà colonel! sambleu! comme tu y vas, mon cher enfant! et c'est à ton courage seul que tu es redevable d'un pareil honneur? c'est beau, c'est digne, c'est noble. Georges, je suis fier de toi, s'écria le marquis en attirant son fils pour l'embrasser.

— Parlons de vos intérêts, monsieur, car j'ai hâte de remettre entre vos mains...

— Bonne Madeleine, nous avons tout le temps de parler d'argent... Ça, dites comment ma nièce a-t-elle passé la nuit? Comment elle se sent ce matin.

— Elle dort encore, monsieur, et je me suis bien gardée de troubler son paisible sommeil, répondit Madeleine.

— Vous avez bien fait, ma chère amie.

— De grâce, mon père, dites-moi à quel mal cruel il faut attribuer l'étrange et funeste changement qui s'est opéré dans la personne de cette chère Hélène? demanda Georges avec inquiétude et douleur.

A cette funeste et déplorable maladie appelée phtisie pulmonaire, répondit tristement monsieur de Bussière.

— Grand Dieu! exclama Georges en pâlissant.

— Jésus grand Dieu! n'est-il aucun

moyen de guérir cette chère enfant? demanda vivement Madeleine.

— Aucun, car la maladie ayant atteint son apogée il n'y a plus de resssource, plus rien à espérer! A ce funeste arrêt, les yeux de Georges se remplirent de larmes.

— Mon Dieu! reprit Madeleine, à quelle fatalité cette chère et belle enfant est-elle redevable de cette horrible maladie.

— A la misère, aux affreuses privations qu'elle et moi nous avons endurées depuis trois ans ; à l'ingratitude des princes, à la cause desquels je m'étais voué et sacrifié.

— Quoi? monsieur, vos princes vous ont abandonné? demanda Georges avec surprise.

— Mieux encore : ils m'ont retiré leur confiance sur mon refus de prendre part à cette guerre impie de la Vendée, où, en combattant dans les rangs des royalistes, je courais la chance que la balle échappée de mon fusil ne donnât la mort à mon fils.

— Ah! mon père! quelle preuve de tendresse! fit le colonel en s'emparant de la main du marquis pour la baiser.

— Georges, ce que j'ai fait était tout naturel ; est-ce qu'un fils n'est pas plus précieux cent fois pour le cœur d'un père que tous les princes de la terre ?... Ainsi exilé, n'ayant à ma disposition que des ressources précaires, et me rappelant qu'un mien parent, homme très-riche, habitait Saint-Domingue aux Antilles, je résolus de m'y rendre avec Hélène et d'attendre, auprès de ce parent, que l'effervescence politique qui agitait la France se fût apaisée et que le calme et la justice nous permissent d'y rentrer. Hélas ! le sort qui nous persécutait voulut que, en arrivant dans ce pays, après une longue et pénible traversée, nous trouvassions notre parent près de rendre le dernier soupir, et près de son lit de mort une maîtresse mulâtre à laquelle il avait légué tout son bien, et qui nous chassa de chez elle aussitôt que son amant eût rendu le dernier soupir. Jugez alors de notre pénible position, mes amis ; de l'embarras dans lequel Hélène et moi nous nous trouvâmes, étant privés de toute ressource sur une terre étrangère, sous un ciel brûlant et mortel, en l'impossibilité de pouvoir payer notre passage pour revenir en Europe. Il nous fallut travailler ; j'entrai chez un riche planteur, homme dur et avare, qui consentit à m'employer en qualité de commis, moyennant le faible salaire qu'il jugea à propos de m'offrir, me sachant pauvre et sans ressource aucune. Hélène, qui ne voulut point rester inactive devant l'insuffisance de mes gages, essaya de son côté d'utiliser les quelques talents qu'elle possède et se résigna à donner des leçons de dessin et de musique, à fatiguer son esprit et son corps pour démontrer sa science à des élèves d'une organisation brute et privées de toute intelligence. C'est à cet infructueux et pénible travail, plus encore qu'à l'influence meurtrière du climat, que la pauvre enfant, qui me cachait sa fatigue et ses souffrances, a usé ses forces et fut atteinte du mal affreux qui la dévore aujourd'hui. A force de courage, de patience et d'économie, après deux ans de souffrance, nous parvinmes enfin à réaliser une faible somme, en faveur de laquelle le capitaine d'un vaisseau marchand consentit à nous prendre à son bord et de nous ramener en Europe, où il nous débarqua dans un port hollandais, après une traversée pénible, orageuse, qui ne fit qu'aggraver l'état de souffrance dans lequel se trouvait ma nièce, que je déposai mourante sur le sol européen. Le capitaine qui nous avait ramenés était un homme de cœur ; je lui avais fait part de notre triste position, et sa générosité n'eut de cesse jusqu'à ce que j'aie accepté une partie de l'argent que je lui avais donné pour payer notre passage. C'était donc une faible somme de cinq cents francs, dont nous étions possesseurs, avec laquelle il fallait nous embarquer de nouveau pour nous rendre en France, à Nantes, et de là à Bussière, où j'espérais vous retrouver, ma chère Madeleine, et apprendre de votre bouche si, grâce au secret que je vous ai confié en quittant le caveau du Moulin des Revenants, je pouvais espérer retrouver cette fortune que votre probité m'a conservée. Hélène et moi ayant, après quinze jours d'attente, trouvé un bâtiment marchand qui se disposait à partir pour se rendre à Paimbœuf, nous nous y embarquâmes avec joie, mais la bourse un peu légère, grâce au long séjour forcé que nous avions été contraints de faire en Hollande, et l'argent que nous avait coûté cette nouvelle traversée. Ce fut donc de pied, et par un froid rigoureux, qu'il nous fallut entreprendre la route de Paimbœuf à Nantes, et de cette ville ici; car il ne nous restait d'argent que pour acheter le pain nécessaire à notre existence et payer le misérable coucher sur lequel nous essayions, la nuit, de nous délasser et de reprendre les forces nécessaires pour nous remettre en route le lendemain.

— Tant de misère, monsieur, lorsqu'une lettre de vous qui m'eût fait part de votre pénible position, indiqué le lieu que vous habitiez, m'eût comblée de joie et fait accourir à votre secours ! interrompit Madeleine.

— Hélas ! savais-je, ma chère et fidèle amie, si une lettre de moi vous trouverait encore à Bussière ; si elle ne serait pas interceptée par votre indigne mari, dont j'ignorais la mort ? répondit le marquis.

— Monsieur, que la santé de votre chère nièce se rétablisse, et le bonheur renaîtra pour vous, reprit Madeleine.

— Dites pour nous quatre, ma chère Madeleine, car Georges posséderait alors pour femme celle que son cœur a choisi, dont il est aimé tendrement. Quant à vous, mon amie, je ne vois d'autre moyen de m'acquitter envers vous, que j'ai jadis outragée, vous dont j'ai empoisonné l'existence, qu'en vous suppliant de vouloir bien accepter le titre de marquise de Bussière, c'est-à-dire en devenant mon épouse.

— Quoi ! vous daigneriez? fit Georges surpris et joyeux en regardant sa mère, que la proposition du marquis venait de rendre toute tremblante, dont le visage s'était subitement couvert d'une vive rougeur.

— Oui, mon enfant, et je m'estimerai glorieux et fort heureux de devenir le mari de la meilleure des femmes, de la plus digne de mon amour et de mon respect... Allons, Madeleine, répondez : voulez-vous devenir ma femme?

— Oui, parlez, ma mère, car c'est le bonheur, la considération que vous offre mon père! fit Georges.

— Disposez de moi, monsieur, si telle est votre volonté et celle de notre fils, répondit Madeleine d'une voix émue.

Sur cette adhésion, le marquis prit la main de Madeleine, qu'il pressa dans les siennes avec bonheur et reconnaissance.

A ce moment, la servante chargée de veiller au chevet d'Hélène se présenta pour prévenir que la jeune malade, qui venait de s'éveiller, demandait son oncle et Madeleine. Ces derniers, ainsi que Georges, tardèrent peu de se rendre à ce désir.

Hélène, encore plus pâle que la veille,

était en proie à une fièvre violente. La jeune fille, en les voyant paraître, tendit ses mains moites de sueur à ses amis, en leur adressant un sourire où se peignaient la souffrance et le regret, sourire dont l'aspect poigna douloureusement le cœur de Georges.

Quinze jours s'étaient écoulés depuis que le marquis et sa nièce étaient de retour à Bussière, lorsqu'un matin les cloches de l'église jetèrent dans les airs des sons funèbres et qu'un cercueil, entouré de jeunes filles vêtues de blanc, sortit de la ferme pour se diriger vers la maison de Dieu.

C'était la pauvre Hélène, morte la veille

en pleine connaissance, dans les bras de Georges, qui ne l'avait pas quittée jusqu'à sa dernière heure, qu'on portait à sa dernière demeure et que suivaient en larmes un amant, un oncle et une amie au désespoir.

IX

Il y avait deux mois que la pauvre Hélène reposait dans la tombe, deux mois que Georges la pleurait, lorsqu'un ordre émané du général en chef qui commandait la division dont le régiment de Georges faisait partie, fut envoyé au jeune colonel. Cette missive enjoignait à Georges de se rendre à son poste sous huit jours au plus tard, afin de reprendre le commandement de son régiment, qui allait rentrer en campagne.

Georges, que cet ordre arrachait à la douleur profonde où l'avait plongé la perte de sa jeune promise, s'écria après l'avoir lu :

— La guerre ! est-ce que Dieu, me prenant en pitié, voudrait me réunir à l'ange dont il m'a privé pour la placer au ciel !

Ces paroles, prononcées en présence

du marquis et de Madeleine, avaient fort affligé ces derniers. La mère s'était aussitôt précipitée en larmes au cou de son fils, et le marquis, lequel s'était emparé de la main du jeune colonel, lui avait fait entendre ces mots :

— Georges, il faut vivre, vivre pour ta mère et pour moi. Mon fils, veux-tu donc nous laisser tous deux seuls sur la terre, sans consolation ni personne pour nous aimer. Georges, loin de risquer dans les nouveaux combats qui se préparent une vie qui nous est chère, ménage-la et reviens le plus tôt possible dans nos bras pour ne plus en sortir.

Georges pleurait en écoutant.

— Mon fils, je veux qu'en nous quittant tu emportes la consolation de voir réparer la faute dont je me rendis jadis coupable envers ta mère, qui dans trois jours sera devenue ma femme légitime, sur laquelle je veillerai, et que je veux rendre heureuse autant que sa vertu mérite de l'être, car c'est te dire, Georges, que Madeleine sera aimée et respectée de moi autant que le serait la femme issue du plus noble sang qui daignerait s'allier à moi.

— Tu entends, mon fils, fit à son tour Madeleine; voudrais-tu donc en exposant témérairement la précieuse existence, détruire, empoisonner à jamais le bonheur que me promet ton père?

— Eh bien, oui, je souhaite de vivre,

mes chers parents, de vivre pour vous revoir et vous aimer, vous consacrer tout mon amour et mes soins, répondit enfin Georges, vaincu par les prières, les caresses du marquis et de sa mère.

Cette pensée de séparation et d'union se réalisa le jour indiqué sans pompe et en silence dans la chapelle de la modeste église de Bussière où le culte avait repris son cours, quoiqu'il ne fut pas encore établi ni autorisé en France, monstrueux abus d'un pouvoir sacrilège qui devait peu tarder à être réformé.

Il y avait quatre jours à peine que Madeleine était devenue la marquise de

Bussière, lorsqu'elle reçut en larmes les adieux de son fils.

— Mes chers et bien-aimés parents, ayez courage, car Dieu voudra que que je vive pour vous. Je reviendrai pour déposer à vos pieds les nouveaux lauriers que je vais cueillir... Oh! vous serez fière de votre fils alors, qui aura bien mérité de la patrie!

Nous ne nous étendrons pas davantage sur ces adieux déchirants pour le cœur d'une mère, et nous dirons que Georges, après cinq jours d'un voyage rapide, atteignit son régiment sur la frontière du Piémont, où il attendait l'ordre de pénétrer.

X

Près d'un an s'est écoulé depuis que le régiment du colonel Georges se bat contre les soldats de l'Autriche sur la terre italienne, depuis que notre héros, qui s'est couvert de gloire dans plusieurs combats, Georges enfin a conquis le grade de lieutenant-colonel, et le courageux Coquardeau celui de capitaine.

Le brave régiment de nos deux héros, tout bouillant et tout fier des gloires récentes aux quelles il avait vaillamment contribué, fut envoyé pour prendre ses quartiers d'hiver dans une petite ville du duché de Milan, qui, jusqu'alors avait dû à son éloignement des grandes routes une tranquillité que n'avait point troublée le bruit de la guerre et la vue des vainqueurs. Quel ne fut donc pas l'effroi de ses habitants quand arriva dans ses murs silencieux presqu'une armée entière, ayant à sa tête le lieutenant-colonel Georges, quand un matin, les portes ouvertes, on vit défiler, le panache au vent, la mine fière et la tête haute ces vaillants soldats au teint bronzé, et que les gens de la ville ainsi que ceux des environs apprirent qu'il fallait loger, héberger et soigner tous ces chefs et soldats qu'on ne regardait qu'en tremblant.

Bien que mal, les habitants se résignèrent, ne pouvant faire autrement, et, le soir, hôtes et commensaux étaient fort étonnés de se trouver ensemble dans des relations toutes amicales.

C'est que le premier moment passé, le Français, même en pays conquis, revient à son caractère bon enfant; il se fait obligeant afin de se faire aimer de chacun. Il devient le compagnon du mari, l'ami de la femme, de l'aïeule et des petits-enfants ; il n'y a pas jusqu'au chien du logis qu'il ne sache se rendre favorable ; et cela sans intérêt, sans autre besoin que celui de sentir la bonne humeur et la joie régner autour de lui. La mauvaise humeur étant son ennemie mortelle.

Dans la répartition qu'avait faite le Podesta, des chefs supérieurs, des officiers et des soldats, le lieutenant-colonel Georges avait été logé chez une riche italienne appelée la signora Giovani, âgée d'une quarantaine d'années et restée veuve depuis peu de temps d'un bon négociant, et mère de deux jeunes filles assez jolies qu'elle élevait dans la retraite. Notre veuve se trouva fort désolée de recevoir dans son intérieur paisible un chef supérieur, jeune et très-beau garçon, qui venait s'y installer de par le droit de conquête.

Rien en effet n'était moins rassurant pour une femme qui vivait dans la solitude, qui cachait ses filles à tous les regards profanes. Mais il n'y avait aucune réclamation à faire, il fallait se résigner. Aussi, la signora Giovani s'empressa-t-elle d'établir Georges le plus loin possible de la partie de la maison, qu'elle habitait avec ses deux filles en se promettant bien d'éviter toute espèce de relation avec cet étranger.

Pendant plusieurs semaines, en effet, la signora s'en tint avec son hôte aux plus froides et aux plus strictes bienséances. Elle envoyait le matin ses serviteurs prendre les ordres de Georges et les faisait exécuter ponctuellement quand il en donnait, ce qui était fort rare ; mais s'il demandait la permission de venir la remercier de ses soins, la signora faisait répondre que ses habitudes étaient très-solitaires, et toujours elle évitait de le recevoir.

Cependant, la douceur du lieutenant-colonel, dont tous les serviteurs de la maison faisaient l'éloge, et plus encore la régularité de sa conduite, diminuèrent les préjugés défavorables que sa qualité de soldat avait fait naître.

On se promenait tous les soirs dans le jardin, Georges le traversait pour se rendre au pavillon qui lui avait été assigné pour demeure. On se rencontra, ce fut d'abord avec crainte; mais Georges était si poli, la teinte de tristesse que la perte d'Hélène avait laissée sur ses traits était si intéressante, que peu à peu la crainte se dissipa, les rencontres devinrent plus fréquentes, les causeries s'établirent, elles furent bientôt intimes, et le premier mois n'était pas écoulé que déjà Georges était admis à faire pour ainsi dire partie de la famille.

Mais, on doit le dire, il eut fallu vraiment que la signora Giovani fut plus que difficile, si son hôte ne l'avait charmée;

car le capitaine Coquardeau que sa politesse et sa gaîté naturelle avait fait aussi accueillir en qualité d'ami inséparable du lieutenant-colonel, soutenait à la mère ainsi qu'à ses deux filles que Georges étant la perle des chefs de l'armée, et la France la perle des nations, son lieutenant, suivant lui, devait être la perle du monde ; raisonnement aussi bien enchaîné que tant d'autres.

Georges, grâce au bien que chacun se plaisait à dire de lui, fut établi et choyé comme l'enfant de la maison.

Il passait toutes les soirées que lui laissait son service entre la signora Giovani, un très-petit nombre d'amis paisibles et les deux jeunes filles, nommées : l'une Juliette et l'autre Adria, toutes les deux jolies et bonnes, et toutes deux déjà coquettes, agaçantes instinctivement et se montrant envieuses de plaire à leur nouveau commensal par mille petits moyens que les jeunes filles savent inventer ; mais, avec toute l'innocence de leur âge voisin de l'enfance, car Adria et Juliette, qui étaient sœur jumelles, paraissaient avoir tout au plus quatorze ans ; on aurait dit de jeunes oiseaux qui essayaient leurs aîles et leur chant.

— Oh les petites étourdies !, disait un jour la signora en voyant agacer Georges pour le faire courir après elles dans les allées du jardin.

— Elles sont si jeunes et si naïves qu'il faut excuser leur charmant badinage, fit Georges, en réponse aux paroles de la mère et en regardant les deux sœurs avec une douce bienveillance. Pourtant, continua-t-il, il est peut-être heureux que ce soit moi qui vienne auprès d'elles, plutôt qu'aucun de mes camarades.

— Pourquoi, signor ? reprit la mère.

Georges parut un peu embarrassé de cette naïve question, cependant il répondit :

— Oh ! c'est que moi je ne me trompe

pas envers elles; je comprends toute l'innocence de leur cœur sous leur enfantine coquetterie, et je respecte leur charmante candeur; mais prenez-y garde, signora, d'autres pourraient chercher à en abuser et porter le trouble dans ces âmes trop pures pour être défiantes; veillez toujours, comme vous le faites, sur ces aimables et innocentes créatures et surtout cachez-les bien aux regards de nos jeunes officiers; ce sont des diables très-capables de corrompre des anges.

Comme Georges venait de dire ces dernières paroles, les deux jeunes filles, lasses de courir, étaient venues s'asseoir près de lui, ce que voyant fit qu'il continua en ces termes :

— Un officier tout galonné d'or partant pour la promenade, sabre au côté, plumet en tête, élégant, serré dans un bel uniforme, c'est bien joli, les jeunes filles en raffollent; pauvres enfants, si elles savaient pourquoi il fait le beau, la bouche ornée du sourire le plus aimable afin de se faire remarquer d'elles; mais si elles le voyaient à table avec ses compagnons et qu'elles pussent soupçonner les propos qui sortent de ses lèvres; si elles l'entendaient parler des femmes, de toutes les choses saintes de la terre, elles s'enfuieraient effrayées et se cacheraient pour toujours à leurs regards profanateurs.

— Oh! vous m'effrayez, signor, fit Adria; seriez-vous donc aussi méchant qu'eux ? Si je le croyais, cela me ferait bien de la peine ; mais non, vous ne ressemblez pas à ces gens là, j'en suis certaine, ajouta-t-elle.

Et ses regards cherchaient à lire dans ceux de Georges.

— Oh ! moi... dit-il avec un air de tristesse assez marqué, je suis à part... Si je leur ressemblais apparemment je ne les désapprouverais pas, et ne vous montrerais pas leur mauvais côté. C'est que, voyez-vous, mesdemoiselles, ce qui est peut-être la cause que je suis meilleur que beaucoup de mes compagnons d'armes c'est que j'ai dans le cœur un doux souvenir, un éternel regret pour une jeune et belle demoiselle comme vous, qui devait être ma femme et que la mort m'a ravie il y a un an de cela.

— Hélas! fit Juliette, je comprends maintenant, signor, cette tristesse qui bien souvent vient effacer le sourire de vos lèvres, et de laquelle notre bonne mère et nous cherchions à deviner la cause.

A quelques jours de là, un après dîner que Georges était seul, assis sur un banc du jardin, sa surprise fut grande en voyant Adria venir furtivement à lui tout en tournant souvent ses regards derrière elle, comme pour s'assurer qu'elle n'était ni vue ni suivie. La jeune fille toute essoufflée de sa course vint sans façon s'asseoir à côté de lui et comme il la fixait d'un regard surpris :

— Oh ! je devine, signor, vous ne vous attendiez pas à une pareille témérité de ma part, celle de venir troubler votre solitude ; ma sœur serait bien venue avec moi, mais elle tient en ce moment compagnie à notre mère qu'elle occupe de son mieux afin qu'elle ne s'aperçoive pas de mon absence.

— Ma chère Adria, je ne vous cacherai pas la surprise que me cause en ce moment votre présence ici, près de moi, sans la compagnie de votre excellente et prudente mère, dit Georges en souriant.

— Oh! signor, gardez-vous de mal interpréter ma démarche lorsqu'elle n'est rien moins que le but d'une bonne action, d'un service à vous demander en l'intérêt d'une amie, de ma sœur et de moi.

— Parlez, signora, je vous écoute et suis tout à votre service si celui que vous voulez me demander dépend de ma volonté.

— Alors, ne perdons pas de temps, car ma mère ne peut tarder à s'apercevoir de mon absence. Mais, mon Dieu, reprit

Adria en se frappant le front, comment vous dire tout ce qu'il faut que je vous dise en si peu de temps ?

— Parlez vite, alors ! fit Georges.

— Je ne demande pas mieux, mais, pour cela, je croyais avoir tout arrangé dans ma tête, et voilà que je ne sais plus par où commencer.

— Mais par le commencement, ce me semble.

— Ah ! c'est qu'alors ce sera long..... Enfin, n'importe; cela vaudra peut-être mieux. Eh bien! vous saurez donc que l'année dernière ma sœur et moi nous avons été mises toutes deux au couvent, pendant un voyage que notre mère fut forcée d'entreprendre pour une affaire importante. Nous y restâmes huit mois, et pendant ce temps nous fîmes connaissance avec une jeune novice d'origine française, que les religieuses appelaient Carlotta ; restée orpheline, que son père, un noble orgueilleux, un émigré, qui, étant tombé malade dans cette ville et prévoyant sa mort prochaine, a forcée d'entrer au couvent contre son gré, afin de l'empêcher d'épouser, quand il ne serait plus, un jeune militaire français dont elle était éprise. Carlotta, qui n'a jamais eu de goût pour le cloître, en apprenant la mort de son père et la grande fortune qu'il lui laissait, a demandé à quitter le couvent pour rentrer dans le monde où l'appellent ses goûts et sa vivacité naturelle. Mais ne voilà-t-il pas qu'à cette demande l'abbesse s'emporte et refuse de rendre la liberté à notre petite amie, en ajoutant que, n'ayant plus de parents pour la surveiller dans le monde, le mieux qui lui restait à faire était de prendre le voile et de donner sa fortune au couvent. Vous comprenez, signor, avec quelle indignation Carlotta repoussa cette proposition ; mais l'abbesse, n'en tenant nul compte, s'emporta contre elle en lui donnant les épithètes d'impie, de fille sans cœur, de mauvais sujet, pour lui signifier ensuite qu'elle ne lui ouvrirait les portes du couvent que le jour où elle pourrait la remettre à la garde de celui qui consentirait à l'épouser, et que si sous un an ce mari ne s'était pas présenté, elle serait contrainte de prendre le voile.

— Voilà, ma foi, une affreuse tyrannie, qui me fait croire que la fortune de la jeune novice étant ce que convoite le plus la religieuse, elle consentirait volontiers à donner la volée à la pauvre enfant, si celle-ci consentait à abandonner son bien en échange de sa personne, interrompit Georges.

— Oh! cela est odieux; car enfin, quel homme ira jamais chercher cette pauvre Carlotta au fond d'un monastère dont l'entrée est interdite à son sexe? reprit la jeune fille.

— Aucun, et il est assez probable que

votre amie sera obligée de prononcer ses vœux en dépit de la répugnance que lui inspire l'état monastique.

— Hélas! ce n'est malheureusement que trop vrai, car l'année accordée par l'abbesse est écoulée, et malgré ses refus, ses larmes et ses supplications, cette chère Carlotta doit prononcer ses vœux après-demain.

— Mais dans tout cela, chère Adria, je ne devine pas le service que vous avez à me demander.

— Comment! je viens de vous dire que ma pauvre amie, victime d'un infâme despotisme, va être forcée de prononcer des vœux qui lui sont odieux, faute de pouvoir trouver un mari, et vous me demandez en quoi vous pouvez m'obliger? fit Adria avec surprise et impatience.

— Certainement, car je me creuse en vain la tête pour le deviner.

— Eh! signor, il ne s'agit pas d'autre chose que d'épouser Carlotta, afin de l'arracher du couvent.

— Ah! par exemple, je ne m'attendais guère à cette proposition-là! s'écria Georges en riant.

— Mais pourquoi ne l'épouseriez-vous pas? Carlotta est si belle! si aimable! si vive et spirituelle!

— Comme vous y allez! ma chère, enfant. Moi, me marier ainsi tout brusquement, et le tout pour tirer d'affaire une fille que je ne connais pas, que je n'ai jamais vue!

— Mais puisque je vous dis que Carlotta est un ange !

— C'est possible ; mais serait-elle cent fois plus méritante, il m'est impossible de l'épouser, ayant fait le serment de ne jamais me marier en faveur de la mémoire de la jeune fille que j'aimais, et de laquelle mon cœur conservera toujours l'aimable et douloureux souvenir.

— Mon Dieu ! mon Dieu ! comment

donc faire? Moi qui avais compté sur vous pour sauver notre pauvre amie !

— En pareille circonstance, vous avez eu tort, ma chère Adria.

— Tenez, méchant, je ne puis croire que vous ne reveniez pas sur cette décision quand vous aurez vu Carlotta.

— Ce qui n'arrivera jamais; c'est assez probable.

— Si, signor, cela arrivera, si vou me promettez d'être assez aimable pour assister à la cérémonie où je sais que vous serez invité.

— Je le veux bien, autant par intérêt

pour votre amie que par curiosité; mais n'espérez pas davantage.

— Peut-être, en la voyant... Carlotta est si charmante!

— Adria, il y a de ça quatre ans, qu'une jeune fille, qui en avait seize alors, fut arrachée à la mort que d'affreux bourreaux lui réservaient; elle allait périr si un homme généreux ne consentait à la prendre pour femme. Comme j'étais moi-même redevable de la vie à cette jeune et noble fille, je n'hésitai pas à la sauver et je m'offris pour être son mari.

— Alors, signor, faites de même aujourd'hui en faveur de Carlotta, et le bon Dieu vous bénira.

— Mais je vous ferai observer d'abord, Adria, qu'un pareil mariage n'engageait à rien, et la preuve, c'est que la jeune fille laquelle je renonçais aux droits d'époux envers fut respectée et rendue libre par moi, qui suis encore garçon aujourd'hui, tandis que le mariage que vous me proposez serait chose sérieuse, devant être sanctifié devant Dieu.

Comme Georges terminait ces mots, la voix de la signora Giovani qui appelait Adria mit la jeune fille en fuite.

Le surlendemain, vers la dixième heure de la matinée, les cloches de l'église du couvent étaient toutes en branle, et une foule de curieux se dirigeait à l'extrémité de la ville, vers le monastère où une jeune religieuse devait prononcer ses vœux.

La signora Giovani, ses filles, le lieutenant-colonel Georges accompagné du capitaine Coquardeau, étaient arrivés les premiers. Comme amis de la novice, des places leur avaient été réservées près de la grille du chœur; Georges et le capitaine, revêtus de leur grand uniforme, furent placés entre Adria et Julietta, qui, toutes deux, malgré la sainteté du lieu où elles se trouvaient, ne cessaient de se pencher à l'oreille de Georges et de lui parler bas, en dépit de la signora Giovani qui, mécontente d'elles, ne cessait de leur faire des signes de mieux se tenir et de garder le silence. Les jeunes filles se taisaient un moment, puis recommençaient à faire entendre quelques mots vifs et animés. Georges répondait à leurs attaques en homme qui se défend, mais avec un air de bonne humeur et même de gaîté qui les rendaient plus confiantes encore et plus irrévérentes. L'heure ayant sonné, l'office commença; l'orgue ébranla l'église de ces sons pleins et vibrants qui répandent dans le cœur une religieuse émotion; la foule fit silence. Des voix pures et calmes firent monter lentement le *Veni Creator* jusqu'au haut des voûtes, et le voile qui cachait le chœur, fermé par une grille à lozange en fer et or, s'ouvrit en face des spectateurs pour laisser voir une centaine de religieuses soigneusement voilées, rangées autour d'un trône épiscopal placé à droite, où siégeait un évêque à figure calme et vénérable. Une large porte, à gauche, s'ouvrait de l'intérieur du chœur dans une chapelle latérale cachée par un rideau. Quand le *Veni Creator* fut terminé, une jeune fille, revêtue de blanc, parut à la porte à la partie de la chapelle intérieure du couvent ; elle était voilée et s'avançait chancelante soutenue par deux religieuses. Lorsqu'elle fut arrivée devant l'évêque, le saint homme se leva pour lui donner sa bénédiction et ensuite lui faire entendre ces paroles :

— Carlotta, fille prédestinée, qui vous préparez à devenir l'épouse de Dieu, dites ici, devant cette assemblée qui vous voit et vous écoute, si c'est volontairement et sans contrainte que vous allez prononcer vos vœux ?

— Non! dit la jeune fille d'une voix ferme et en relevant vivement son voile, pour tourner son visage du côté de l'assemblée, puis s'écrier : Georges! si c'est vous que je reconnais, si vos yeux noyés de larmes ne me trompent pas, sauvez une seconde fois la malheureuse Charlotte de Vaudreuil, des mains de cette impitoyable abbesse qui m'opprime et me contraint à prononcer des vœux que je déteste !

— Charlotte, comptez sur moi pour vou soustraire à l'instant même à l'oppression dont on vous accable, s'écria Georges qui, après avoir reconnu Charlotte, s'était levé en portant fièrement la main à la poignée de son sabre.

A cette scène inattendue, une grande émotion se manifesta dans l'église, la foule s'agita en laissant entendre une sourde rumeur. Adria et Julietta sanglottaient. L'abbesse, devenue pâle de colère, baissait les yeux sous celui de l'évêque, qui fixait sur elle un regard rempli de l'expression du reproche et de l'indignation. Et Charlotte qui s'était arrachée des mains des deux religieuses qui s'efforçaient de la retenir, s'était précipitée sur la grille du chœur, à travers de laquelle elle avait passé son bras, dont Georges s'était emparé.

— Que personne ne porte la main sur

cette jeune fille que je prends sous ma protection, moi, Georges, lieutenant-colonel dans l'armée française, s'écria le jeune homme.

— Mon colonel, dites un mot et je fais entrer ici un bataillon qui bousculera toutes ces béguines si, à l'instant, elles ne mettent cette jeune fille en liberté, proposa Coquardeau à voix haute, et à la grande frayeur et confusion des religieuses.

L'évêque, d'un ton sévère, disait ces mots à l'abbesse :

— Voyez de quel scandale vous êtes la cause, ma sœur. Une autre fois assurez-vous mieux des dispositions de vos novices, et surtout ne forcez jamais leur vocation; les péchés d'une âme violentée retomberaient sur vous.

Le prélat, après avoir dit ainsi, s'avança près de la grille où Georges retenait Charlotte, et dit au jeune homme :

— Seigneur étranger, comment l'entendez-vous, et quelle protection prétendez-vous offrir à cette jeune fille ?

— Celle des lois qui s'opposent, dans tous les pays, à de pareilles violences, répondit Georges. Seigneur évêque, croyez-moi, faites rendre la liberté à l'instant même à mademoiselle, ou je ne réponds plus de rien, car un signe, un mot de moi, et les nombreux soldats que je commande pénètrent dans ce couvent et le mettront au pillage.

— Vous ne ferez pas cela, signor, vous respecterez la maison du Seigneur, ainsi que doit le faire tout bon chrétien. Maintenant, et quoi qu'il puisse en résulter, cette orpheline ne quittera cette sainte demeure que protégée par un mari, dit l'évêque.

— Epousez-la! épousez-la! disaient à voix haute et impatiente, Adria et sa sœur.

— Suivez ce conseil si vous êtes libre, seigneur étranger, celle qui ne s'est pas trouvée digne d'être l'épouse de Jésus-

Christ, peut être cependant une épouse sage et fidèle, reprit le prélat.

— Epousez-la, épousez-la ! s'écria-t-on de toutes parts.

— Seigneur évêque, Charlotte de Vaudreuil m'a sauvé la vie il y a quatre ans ; aujourd'hui, guidé par la reconnaissance, je lui rends la liberté en l'acceptant pour ma femme légitime, et fais, devant vous tous qui m'entendez, le serment de la rendre heureuse.

A ces paroles de Georges, qui lui ravissaient un riche héritage, l'abbesse ne put s'empêcher de manifester son impatience et la fureur qui l'animait, alors, s'approchant de la jeune fille :

— Carlotta, lui dit-elle d'une voix courroucée, serez-vous assez indigne pour accepter ce soldat, cet ennemi de Dieu pour époux? Êtes-vous assez impie pour ne point rougir de le préférer à l'époux céleste que je voulais vous donner? Dites, il est peut-être temps encore de vous repentir et de mériter notre pardon.

— Ce pardon que vous m'offrez, madame, je le redoute plus que la mort, car c'est votre haine et une éternelle torture. Je le déclare à haute voix, puisque Georges a compassion de moi, je l'accepte et le désire pour époux, depuis le jour où il a parut vaillant et généreux à mes regards, et je m'estime heureuse, bien heureuse de lui appartenir, fit à haute voix Charlotte, dont l'abbesse se recula avec une sorte d'horreur.

Le même sourire indéfinissable traversa le visage du lieutenant colonel.

— Bonne femme, c'est convenu, nous ne voulons plus de votre boutique dont mes camarades et moi démolirons les murs avec joie si notre lieutenant-colonel était assez bon pour nous en donner l'ordre, fit Coquardeau d'un air narquois tout en frisant sa moutache.

— Fils de satan, tu es maudit! fit l'abbesse avec colère et mépris.

L'évêque, sur les traits duquel était

peinte une profonde compassion, fit placer la jeune fille à sa droite, agenouiller Georges sur la marche extérieure de la grille et, joignant leurs mains, il prononça sur eux la bénédiction nuptiale, puis il leur dit :

— Que la bénédiction de Dieu soit sur vous comme la mienne. Ma fille, soyez soumise à celui que Dieu vous envoie pour vous tirer d'un état où votre âme aurait couru le danger de se perdre. Aimez-vous, mes enfants, et que la paix vous accompagne.

Alors la grille fut ouverte.

— Allez, ma fille, dit l'évêque à Carlotta avec une grande bonté, et surtout souvenez-vous qu'on doit servir Dieu dans le monde comme dans un couvent.

Carlotta prit la main du prélat, qu'elle porta respectueusement à ses lèvres et mouilla de ses larmes, puis elle s'éloigna entraînée par son mari et entourée de ses amies qui la comblaient de félicitations et de caresses. La foule qui avait quitté l'église du couvent et attendait les nouveaux mariés, poussa de grands cris quand elle les vit paraître, des hourras les accueillirent, et chacun se trouvant à bon droit faire partie de cette noce improvisée, les escorta tous à travers la ville jusqu'à la maison de la signora Giovani en chantant des refrains joyeux ; à la porte, le cortége salua le nouveau couple de mille bénédictions, et des bouquets jetés en l'air vinrent retomber en pluie odoriférante sur eux.

Georges rendit à tous un salut avec une grâce toute militaire ; puis, passant un bras autour de la taille souple et délicate de sa belle mariée, il l'engagea tout bas à s'incliner aussi devant ceux qui les avaient accompagnés jusque chez eux, ce que fit Charlotte avec grâce et modestie, puis ils rentrèrent avec la signora Giovani, suivie de ses deux filles triomphantes, et les acclamations retentirent encore un moment derrière eux.

La première démarche de Charlotte, lorsqu'elle se trouva loin de la foule, lorsqu'elle n'eut plus pour témoin que ses amies fut de s'agenouiller devant Georges en lui disant, les larmes de la reconnaissance dans les yeux :

— Merci, oh merci ! noble Georges, vous deux fois mon époux, vous à qui je suis redevable de la vie et de la liberté, vous dont le cœur appartient à Hélène de Bussirère et qui n'avez pas hésité à sacrifier votre amour, votre bonheur à venir, pour arracher une pauvre fille à une odieuse captivité, aux tortures et à la mort lente et terrible que lui réservaient des femmes impitoyables et fanatiques... Oh ! dites-moi, Georges, comment je puis m'acquitter envers vous de tant de bienfaits ?

— En daignant m'aimer toujours, ma

chère Charlotte, en remplaçant dans mon cœur la pauvre Hélène, qu'une mort impitoyable m'a ravie il y a un an, répondit Georges en relevant sa jeune épouse pour la presser sur son cœur.

— Oh! il t'aimera bien, Carlotta, sois-en certaine, car il est aussi bon que généreux, dit Adria.

— Eh bien! signor, quand je vous disais que vous l'épouseriez, fit à son tour Julietta en souriant.

La signora Giovani, heureuse de voir l'amie de ses filles rendue au monde d'une manière presque miraculeuse, voulut célébrer cet heureux événement, et, à cette occasion, donna des ordres pour qu'un repas fut aussitôt servi, auquel elle convoqua à la hâte quelques amis intimes.

Cette fête improvisée, à laquelle assistait Coquardeau, fut d'une aimable gaîté et se termina d'assez bonne heure, par égard pour la fatigue que ressentait Charlotte, que les émotions de la journée avaient brisée, et de laquelle son mari respecta le sommeil tout en veillant à son chevet.

Le lendemain matin, Charlotte en s'éveillant fraîche et souriante sous les baisers de Georges et de ses deux amies, fut charmée d'entendre une douce harmonie retentir sous les fenêtres de sa chambre ; petite galanterie dont elle était redevable à Coquardeau, qui, pour saluer le réveil de la femme de son lieutenant-colonel et ami, n'avait rien mieux trouvé que de convoquer la musique d'un régiment pour donner une aubade aux nouveaux mariés.

Dans la journée, et avec la permission de leur bonne hôtesse, Georges et Charlotte reçurent les chefs de la garnison qui, tous, vinrent présenter leurs hommages et félicitations à Georges ainsi qu'à Charlotte, à l'occasion de leur mariage.

Le même jour, Georges s'empressa d'écrire à son père ainsi qu'à sa mère une longue lettre dans laquelle il leur faisait part de son union avec Charlotte de Vaudreuil, et de l'incident qui avait nécessité ce mariage instantané et auquel il était redevable de posséder pour épouse la plus belle comme la plus aimante des femmes.

Après quinze jours d'attente, notre jeune homme recevait en réponse à la sienne une lettre écrite de la main du marquis de Bussière, qui commençait ainsi :

« Que ton union soit bénie, cher enfant,
« tel est mon vœu et celui de ton heureuse
« mère.

« Georges, hâte-toi de nous amener ta
« charmante compagne, qu'il nous tarde
« de connaître et d'embrasser.

« Venez vite, mes enfants, car le châ-

« teau de Bussière, sorti de ses ruines et
« de ses cendres, vous attend tout resplen-
« dissant, pour célébrer votre retour et
« votre heureux mariage... »

Ce vœu du marquis et de Madeleine se réalisa deux mois plus tard.

Ayant obtenu un congé, Georges courut présenter Charlotte à ses parents, et la placer dans leurs bras.

Quelques mois plus tard, le capitaine Coquardeau devenait l'époux de la gentille Adria, dont la sœur épousait, le même jour, un négociant de Turin.

FIN.

TABLE DES CHAPITRES.

	Pages
Chapitre I.	1
— II.	63
— III.	101
— IV.	135
— V.	159
— VI.	185
— VII.	223
— VIII.	241
— IX.	267
— X.	273

FIN DE LA TABLE.

Fontainebleau. — Imp. de E. Bourges.

NOUVEAUTÉS TERMINÉES.

AINSI SOIT-IL
Par ALEXANDRE DUMAS. — 3 volumes.

LE CANAL S^T-MARTIN
Par CHARLES DESLYS. — 6 volumes.

L'ENFANT DE L'AMOUR
Par MAXIMILIEN PERRIN. — 2 volumes.

BAMBOULA
Par ERNEST CAPENDU. — 4 volumes.

L'HÉRITAGE MAUDIT
Par HENRY DE KOCK. — 5 volumes.

LES MISÈRES DORÉES
Par le Marquis DE FOUDRAS. — 4 volumes.

LA DIRECTRICE DES POSTES
Par ÉLIE BERTHET. — 4 volumes.

LES MYSTÈRES DU MONT-DE-PIÉTÉ
Par ERNEST CAPENDU. — 6 volumes.

LE BARON DE FRÈSMOUTIERS
Par Madame ANCELOT. — 2 volumes.

Sceaux, typographie de E. Dépée.

www.ingramcontent.com/pod-product-compliance
Lightning Source LLC
Chambersburg PA
CBHW060636170426
43199CB00012B/1569